英語感覚が身につく実践的指導
コアとチャンクの活用法

田中茂範・佐藤芳明・阿部 一 著

大修館書店

はしがき

　「ドアをノックする」という内容を英語でいう場合にどう表現するか。この質問を大学生にしてみますと，圧倒的に多くの学生が knock the door と回答します。もちろん，knock on the door と正しく答える者もいますが，どうして knock on the door なのかと問うと，たいていは答えに窮してしまうという傾向があります。ただ，「ドアをノックする」は knock on the door だと覚えているのです。

　さて，ここでの課題には，いくつかのことが示されています。第一に，日本語と英語の違いです。日本語では，ドアは「ノックする」という動作が直接作用する対象としてとらえ，「を」格をとります。一方，英語では，通常，knock on the door と表現し，この場合の knock は自動詞扱いです。すなわち，同じ動作でも日英語では表現のしかたに違いがあるということが示されています。第二に，学習者は，母語の表現形式をそのまま英語に移行させる傾向があり，特に，自動詞・他動詞問題では，言語間の違いということに対して見過ごしてしまいがちである，ということが示されています。そして第三に，学習者は，表現の背後にある理屈に気がついていないがために，知っている表現は正しく使えるが，知らない表現になると応用が利かない，ということも示唆されています。

　私たちは，knock on the door でどうして on が必要なのか，という問いこそが，英語の勘を養う上で重要である，と考えております。この問いに接近する方法として，本書では，表現形式と表現内容（意味）の関係を重視します。そして，表現形式が異なればその意味も異なるという立場を採用します。問題は，表現形式の意味とは何であるか，でありますが，私たちは，それは「表現形式から構成される事態」である，とみなします。

　すると，knock the door と knock on the door では構成される事態が異な

るということになります。knock the door だと「ドアそのものにノックという衝撃を与える」という意味合いになり，「そしてどうするのか」という疑問が残るため，通常，knock the door down（ドアをなぎ倒す）のように down など副詞が必要となります。一方，knock on the door だと，「接触」の on があるため「ドアの表面」が前景化され，ドアの表面にノックするということで，そこから「トントンとたたく」という事態が意味づけされます。

　こうした理屈がわかれば，「鉛筆を噛むな」は Don't chew on your pencil. と表現するが，それはなぜかが理解できるようになります。もし Don't chew your pencil. だと「鉛筆を口に入れて，ガチャガチャ噛む」という事態が想定されてしまいます。また，友人にりんごを差し出して「美味しいから，思い切ってガブッと一口食べてみて」といって，その友人がガブッと一口食べた情景を描写するなら，今度は bite on an apple よりも，into を使って bite into an apple というようにいった方が思い切って大口を開けてガブッと食べた感じが伝わってきます。bite on an apple だと表面だけをかじるという意味合いになってしまいます。

　母語として英語を身に付けた人は，これらの英語の使い分けを自然に覚えたのであって，文法力も語彙力も「直観」として内在化しています。そこで，どうして knock on the door なのか，という質問をしても，多くの場合，それに明示的に答えることはできません。ただ，knock the door という言い方はしないという直観を持っているのです。日本語でも同じで，「山にのぼる」と「山をのぼる」はともに可能な表現であるが，「空にのぼる」と「空をのぼる」では，後者の表現が不自然である，と日本人であれば容易に判断することができます。しかし，どうして，「空をのぼる」がおかしい表現なのかについて，明示的な説明を求められてもうまく答えられません。しかし，言語直観があれば，説明などしなくても，なんら支障なく言語を使うことができるのです。

　しかし，思春期を過ぎてから，しかも，英語を日常的に使用するという環境にない学習状況で英語を学ぶ場合には，学習者の母語の干渉が起こるだけ

でなく，英語の母語話者のような直観を身に付けることは，事実上，無理なことです。そこで，きちんとした理解に基づく形で英語を学び，その知識を拠り所に，英語を使うという経験をすることで，その知識を自動化させるという，プロセスが必要となります。

そこで本書では，以下のような「ARNA メソッド（The *A*wareness-*R*aising-*N*etworking-*A*utomatization Method）」を提唱します。

①「なぜそうなのか？」という原理的な問いを行い，「なるほど，そうなのか」という納得を得る。（Awareness-Raising）
②「そういえば，あれも同じ原理だ」という思考を通して，原理の拡張・応用を行う（Networking）
③学んだ英語を実践的に用いることで知識の自動化を図る。（Automatization）

「なぜ」という問いは，英語という世界に積極的にかかわる最大の手がかりとなります。「ドアをノックする」と knock on the door の違いに着目し，「なぜそうなのか」と問うことそれ自体は，小さなひとつの問いでしかありませんが，この問いを発することが英語学習にコミットするということであります。そして，「なるほど，そうなのか」という納得を得ることができれば，英語を学ぶことの知的好奇心を満たすことになり，それがひいては英語学習の強い動機づけにつながるのです。そして，さらに「そういえば」という自ら経験知を整理する姿勢が出てくれば，ひとつの「なぜ」が英語を学ぶ学び方（learning strategy）そのものを身につけることに繋がるのだと考えております。

＊＊＊

本書では，英語の語彙と文法を取り扱います。語彙については，英語の基盤となる基本動詞（第 1 章）と前置詞（第 2 章）が主題となります。そして，これらの主題を扱うに際し，コア理論が導きの糸の役割を果たします。

第3章では，新しい教育英文法の考え方を紹介するに当たり，基本動詞と文法の関係，そしていくつかの代表的な文法現象について納得のいく説明を試みます。それに続く第4章では，会話の文法性という問題を取り上げ，チャンキング理論に依拠した議論を展開します。ここでは，チャンキング理論の教育的示唆についても詳細な議論を行います。そして，最後の第5章では，英語を実践的に学ぶための具体的なヒントのいくつかを紹介します。

　認知意味論的な見方を応用言語学的な視点から捉え直し，英語教育への応用の可能性を示すというのが，筆者たちの狙いです。読者の方々からできるだけ多くの「なるほど，そうなのか」を誘発することができれば，という思いで，本書の執筆を行ってあります。本書は，基本的スタンスとしては英語を教える立場を意識して執筆したものですが，同様に，英語を学ぶという立場からも役立つところが大だと考えております。

　最後に，大修館編集部の金子貴氏と編集コンサルタント藤田佾一郎氏には，本書の出版に際し，全体的な構成，細部の見せ方などについて丁寧な助言をいただきました。また，具体的内容についても金子，藤田両氏の具体的なコメントをできるだけ反映する形にしました。ここに心からの感謝の意を表したと思います。

＊なお，本書ではいくつかのコア図式が紹介されていますが，これらは『Eゲイト英和辞典』（田中茂範他編，ベネッセコーポレーション）と『動詞がわかれば英語がわかる』（田中茂範・川出才紀著，ジャパンタイムズ）に準拠しているものであるということをここにお断りしておきます。

　　2006年3月31日

田中茂範
佐藤芳明
阿部　一

目　　次

はしがき………iii

第 1 章　基本動詞の意味世界…………………………………………………3
1.1.　はじめに………3
1.2.　学習者による多義語の捉え方………3
1.3.　コアという概念装置………5
1.4.　基本動詞の意味論：事例分析………14
　1.4.1.　break の意味世界………14
　1.4.2.　take の意味世界………17
1.5.　手作り「基本動詞カード」の作成………21
1.6.　基本動詞の意味を理解するための原理………24
　1.6.1.　図式投射としてみる基本動詞………24
　1.6.2.　図式焦点化と基本動詞の意味………26
　　　　●基本動詞 go………26
　　　　●基本動詞 remember………28
　1.6.3.　差異化と基本動詞………29
　　　　●speak／talk………30
　　　　●tell／say………31
　　　　●arrive／reach／get to………31
1.7.　指導法アラカルト………33
　（1）基本動詞の意味から文法構文への橋渡し：動詞構文カード………33
　（2）基本動詞を使い分けつつ使い切るためのレキシカル・コア・カード（LC-card）を利用した指導法………34
　（3）基本動詞の意味の連続性を理解させるための図式投射の原理を利用した指導法………36

第 2 章　前置詞の意味世界…………………………………………………39
2.1.　状況依存的な日本語と明示的な英語………39
2.2.　前置詞の選択と世界の捉え方………40
　2.2.1.　意味の捉え方………41

- 2.2.2. 図式投射と前置詞………42
- 2.3. 豊かな認知操作が可能な over………44
  - 2.3.1. 図式の焦点化………44
  - 2.3.2. 図式の回転………45
  - 2.3.3. 図式の投射………46
  - 2.3.4. 図式の融合………47
- 2.4. at の意味世界………48
- 2.5. on の意味世界………50
- 2.6. 感情表現と前置詞………55
- 2.7. 句動詞………60
  - 2.7.1. 図式融合………60
  - 2.7.2. 句動詞の4つのタイプ………62
- 2.8. 指導法アラカルト………67
  - （1）図式焦点化を利用した指導………67
  - （2）前置詞の意味展開を理解するための図式投射を利用した指導………68
  - （3）句動詞の学び方：図式融合を利用した指導………70
  - （4）句動詞エクササイズ………73

第3章 新しい教育英文法………77

- 3.1. はじめに………77
- 3.2. make の適用範囲とレキシカル・グラマーの可能性………79
- 3.3. give の意味と構文的可能性………82
- 3.4. have の意味と関連構文………86
- 3.5. be のはたらき………92
- 3.6. -ing のはたらき………95
  - 3.6.1. 現在進行形………96
  - ［コラム］単純現在………101
- 3.7. to 不定詞と動名詞………103
  - 3.7.1. to 不定詞と動名詞………103
  - 3.7.2. 目的語は to 不定詞か動名詞か………107
- 3.8. wh-構文：疑問詞か関係詞か？………111
  - 3.8.1. 関係代名詞の what と疑問詞の what………116
- 3.9. 冠詞の機能………118
  - 3.9.1. 冠詞を理解するための理論………119
  - 3.9.2. a かゼロかの選択：対象認知理論の観点から………119
  - 3.9.3. the の使用原理：情報共有理論の観点から………124
  - 3.9.4. 固有名と the………127

3.9.5.　集合名詞………129
　　［コラム］冠詞………130
3.10.　法助動詞：心的態度の表明………132
　　3.10.1.　can, may, must の意味機能分析………132
　　3.10.2.　will の意味機能分析………134
　　3.10.3.　should の意味機能分析………136
　　3.10.4.　ought to と should のちがい………138
　　［コラム］should と might………140
3.11.　受動態：語りの視点………142
3.12.　仮定法：仮想の状況設定を行う………147
　　3.12.1.　仮定法過去と仮定法過去完了………148
　　3.12.2.　仮定法未来………151
3.13.　代名詞（it）と指示代名詞（this／that）………154
　　［コラム］代名詞 it………157
3.14.　英文法指導法アラカルト………159
　　（1）give の文法を教えるためのレキシカル・グラマーの考え方………159
　　（2）have を中心にしたエクササイズ………161
　　（3）関係代名詞を指導するためのエクササイズ………165
　　（4）助動詞を教えるためのエクササイズ………167
　　（5）現在完了形を教えるためのエクササイズ………169
　　（6）冠詞の使い方を教えるためのエクササイズ………170
　　（7）受動態構文を教えるためのエクササイズ………172
　　（8）仮定法を教えるためのエクササイズ………174
　　（9）分詞構文を指導するためのエクササイズ………177

第4章　チャンキング・メソッド——会話と読解………183
4.1.　はじめに………183
4.2.　「文連鎖」と「断片連鎖」………187
4.3.　発話の単位としてのチャンク………190
4.4.　because を事例として………195
　　4.4.1.　CHATDATA に見られる副詞節………196
　　4.4.2.　because 節の役割………197
　　4.4.3.　because の作用域：前方的な意味展開機能………201
4.5.　チャンキング指導法：会話力，読解力を鍛えるための方法………205
　　4.5.1.　チャンキングと会話力………206
　　4.5.2.　会話力を鍛えるためのチャンキング指導——音読を中心にして………206

4.5.3.　読解力とチャンキング………209
　4.5.4.　スラッシュ・リーディングとの違い………209
　4.5.5.　自然な読解を支援するチャンキング………210
　4.5.6.　チャンキングによる指導法のあり方………213
　4.5.7.　音読訓練の意味………217
　4.5.8.　チャンキング分析とスクリプト分析………218
4.6.　読解におけるタスク………221
　4.6.1.　reading から speaking への架け橋………223
4.7.　「文」から「文法」へ………227
4.8.　チャンキング・メソッドを使った指導（例）………229

第5章　チャンクを使うノウハウ　………237
5.1.　はじめに………237
5.2.　小さな英語で実践する態度………238
5.3.　do x の力とその拡張………239
5.4.　「主語を立てる」：意味の組み立て方………241
5.5.　単語が足りないという思い（幻想）を捨てる………243
　　●right／correct………243
　　●wrong／bad………244
　　●about／around………244
　　●hold／keep………244
5.6.　「文を作る」という幻想を捨て，チャンクでつなげる………246
5.7.　つなぎ言葉の利用………248
5.8.　ストーリーを展開するために………250
　5.8.1.　表現を整理するためにメタファーを利用する………250
　5.8.2.　表現の流れをつくるための行動スクリプト………253
　5.8.3.　発信そして対話へ………254
5.9.　おわりに………257

あとがき………259
参考文献………263
索引………266

英語感覚が身につく実践的指導
——コアとチャンクの活用法

第1章
基本動詞の意味世界

1.1. はじめに

　そもそも，語彙力とは何か？　この問いに対して，これまで，語彙数という量的な尺度を用いてきた。つまり，分野を考慮しつつ，どれだけの語彙を持っているか，ということが語彙力の捉え方であった。しかし，実際は，語彙の数だけではなく，基本語を使い切れるかどうかが鍵である。もっと正確にいえば，「使い分けつつ使い切る力」これこそが，語彙力の本質部分である。だが，実際は，使い分けがむずかしいばかりか，使い切るということになると，ほとんど自信が持てないという学習者が圧倒的に多い。

　その理由の一つとして，基本語の多義性をとらえる理論がないため，「使い分けつつ，使い切る」ための指導が行われてこなかった，という点を挙げることができると思う。実際，たいていの辞書では，それが英英辞典であれ，英和辞典であれ，おおむね，基本語の意味は複雑で多岐にわたるという方針で編纂されている。だが，われわれは，基本語の意味は複雑なのではなく，単純であいまいである，という主張を行う。実際，あいまい性があるからこそ文脈によって変化しうるのであり，単純な意味をどうとらえるか，これがまさに争点となる。

　本章では，上記の点を踏まえた上で，身体的体験から図式を創発させ，図式の操作によって意味の多様性を説明するという認知論的な考え方に依拠しつつ，コア図式論を示し，その有効性を基本動詞の中でもとくに動作動詞において示していきたい。

1.2. 学習者による多義語の捉え方

　これまで語の多義を系統的に指導する方法は提案されていない。最近では，語彙指導に関する重要性を訴え，方法論的な議論がいくつか出てきた

が，筆者らの見る限り，まだ健全な意味理論に裏打ちされた形で，納得のできる理論と実践の枠組みを示している本格的な事例はないように思う。

通常は，当該言語（ここでは英語）の辞典（ここでは英和辞典）に準拠した形で単語の意味の学習が行われることになる。しかし，英和辞典の語義を全部覚えれば単語の意味を学んだことになるのだろうか。英和辞典では用例を分類し，語義を定め，日本語を充て，これに訳語，用例を配置する。しかし，こうした辞典に依存した意味の捉え方をすると，問題が出てくる。例えば英語の take に相当する日本語の対応語は，次のように複数個ある。

「とる」：Will you take a glass from the cupboard?（食器棚からグラスをとってもらえる？）
「受け取る」：I took the message from John.（ジョンからこの伝言を受け取った。）
「つかむ」：The ape took her baby and ran up the tree.（猿は自分の赤ん坊をつかみ，木を駆け上って行った。）

これらの語義に限ってみると，take と日本語項目の関係は take＝〈とる，受け取る，つかむ〉となり1対多の関係になる。しかし，こういった形で日本語項目をリストすることによって，take の意味を捉えることができるだろうか。下に示すように，日本語の項目に視点を移してみると，たちどころに問題が出てくる。

「とる」＝ |take, catch, get, etc.|
「受け取る」＝ |take, receive, accept, etc.|
「つかむ」＝ |take, seize, grasp, etc.|

つまり，take に n 個の日本語の訳語が充てられた場合，個々の日本語項目はさらに n 個の英語項目に対応し，このプロセスは理論的にははてしなく続く。そこで，take の意味は何かという問題に戻ることになる。この問題は，学習が既存の知識に依存するという原理が働く限り，続くことになる。すなわち，母語との対応関係を探るということは，学習の原理からいっ

ても，自然なことである。がしかし，母語との対応関係に依拠して対象語の意味を習得しようとするとネガティブな効果が大きくなる。例えば以下の「とる」を用いた例で，「とる」の部分を take に置き換えることができるのはどれかを考えてみるとよい。

（１）「箱のふたをとる」
（２）「服からシミをとる」
（３）「運動会で一等賞をとる」
（４）「栄養をとる」
（５）「魚をとる」
（６）「明かりをとる」
（７）「年をとる」
（８）「船の舵をとる」
（９）「事務をとる」
（10）「連絡をとる」

　（１）から（４）までは take に置き換え可能であるが，残りの用法は take でそのまま表現することはできない。このように，１つの対応語にズレが生じるところに take を使う際の過剰使用（overextension）や過少使用（underextension）という問題が起こるのである。では，どうすればよいか，というのがここでの問題である。われわれはこの問題に対する答をコア理論に求める。

1.3.　コアという概念装置

　Dwight Bolinger という言語学者は，ひとつのことばに複数の意味をもたせようとするケースのほうがその反対のケース（ひとつの意味に複数のことばを充てる）より圧倒的に多く，その理由としては「人間の心のほうが舌よりも融通性がきく（The mind is freer than the tongue.）」からである，と述べている。しかし，だからといって，ひとつの語（form）から複数の意味が無制限に増えていくのではなく，辞書などにリストされている語義を統率

するような,「全体的な意味 (a single overarching meaning)」があるという点を Bolinger は指摘している。

> Now we find a single overarching meaning which performance variables imbue with local tinges that pass for distinct senses. The deception is like what happens when we meet an acquaintance in an unexpected setting : we may not recognize him. (Bolinger 1977, 19)
> (大意:ひとつの語にはひとつの全体を包括するような meaning があるのだがそれに言語運用上の変数がローカルな色彩を染み込ませ,違った語義(意味)としてまかり通るのである。ここでの問題は,ちょうど私たちが予期していないところで知人に出会ったとき彼に気づかないようなものである。)

Bolinger は,語の唯一の全体的な意味のことを "a single overarching meaning," "a common semantic base" あるいは "the common thread of all uses" などといろいろな呼び方をしているが,詰まるところ,「ひとつの形にはひとつの意味」ということである。もちろん例外もあるが,その例外は,言語側からみれば不均衡の状態であり,言語にはそれをしだいに除去する傾向がみられるという。

われわれは,Bolinger のいう "a single overarching meaning" を「コア (core meaning)」と呼ぶ。コアは,理屈上,文脈に依存しない――英語で言えば,"context-free" あるいは "context independent" な――意味を指す。ここでいう「文脈」とは,break (x, y) のような命題構造を基本単位としており,x と y の変数に具体的な値(ことば)が入った状態を,"context-sensitive"(文脈依存)な状態と呼び,例えば,break の例でいえば,下のように,x 項や y 項にはいくつもの異なった値を入れることができる(→1.7.(1)「動詞構文カードを利用した指導」を参照)。その,どの文脈にも依存しない意味を「コア」と呼ぶのである。

x	break	y	
He	breaks	the world record.	(彼は世界記録を破る。)
The typhoon	broke	the electric current.	(台風で電線が切れた。)

The day	will break	ϕ.	（夜が明けるだろう。）
A flying fish	broke	the surface of water.	（トビウオが水上に飛び出した。）
My boyfriend	has broken	his ankle.	（ボーイフレンドが足首を骨折した。）

さて，これを break (x, y) という関数関係に置き換えると，以下のようになる。

	x	y
	(he	the world record)
	(the typhoon	the electric current)
break	(the day	ϕ)
	(a flying fish	the surface of water)
	(my boyfriend	his ankle)

　The day will break. の例は，break (the day, ϕ) のように y に値が入っていない形で表現され，そういう場合の break は「自動詞」と呼ばれる。He breaks the world record. であれば，he と the world record がそれぞれ x と y の値であり，「(世界記録を) 破る」という意味は break の文脈に依存した語義 (語釈) のひとつである。break (my boyfriend, his ankle) になると，「(足のくるぶしを) 折る」という意味が文脈から引き出される。このことから動詞の意味は関数的であるといえる。y の値が ϕ でない場合の break は「他動詞」と呼ばれる。

　以下に示すように，コアは文脈に依存しない (context-free) 一般化された動詞についての知識であり，そのコアが文脈調整を経て，文脈に依存した (context-sensitive) 語義を得る，というのがここでの構図である。

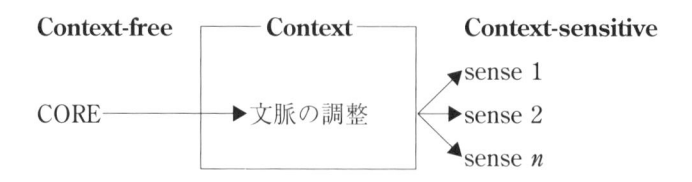

```
Context-free  ┌──Context──┐  Context-sensitive
                                    ↗ sense 1
CORE ─────────→ 文脈の調整 ──→ sense 2
                                    ↘ sense n
```

　このように，例えば break の語義は，文脈の調整（context modulation）を通して決まる。しかし，break の意味はすべて文脈によって決定されるのかといえば，そうではなく，break には break のコアがあり，それが語義決定の拠り所になるというのがここでのポイントである。それでは，break のコアは何であるかと言えば，《外から力を加えてあるもの（の形・機能・流れ）をこわす》である（あとで詳述する）。

　さて，コアという用語から一般に受ける印象は，「（意味の）核」であり，意味の範囲を円にたとえた場合，下図の左の絵のようなイメージを思い浮かべるにちがいない。しかし，われわれは，それとは違ったイメージでコアをとらえている。つまり，以下の右図にように，円錐の頂点としてコアをとらえるというのがそれである。

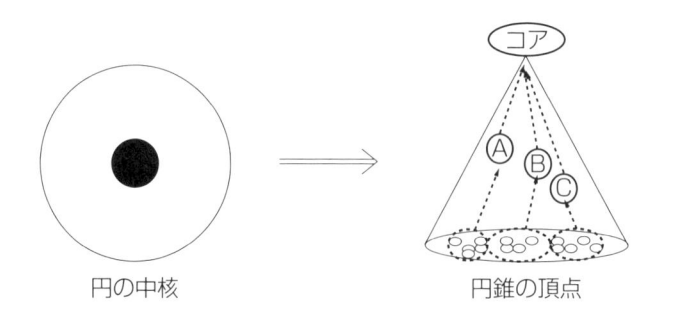

円の中核　　　　　　　　　円錐の頂点

　Bolinger は，"a single overarching meaning" ということばをもちいたが，そのことばの意図をくんでコアという用語を使うなら，「円錐形の頂点」というイメージが適切であると思われる。このことによって，コアが，（1）用例の最大公約数的な意味であり，かつ，（2）語の意味範囲の全体（たとえ

おぼろげな輪郭であったとしても）をとらえる概念である，という点を理解しやすくなる。さらにいえば，円錐形の円（底面）の大きさは意味の範囲を示しており，円が大きくなればそれだけ，コアの頂点も高くなり，コアそのものの抽象度が増すということを表すにも，円錐形の頂点というメタファーは有効である。なお，図の中のA，B，Cは複数の語義をクラスタリングし意味タイプに分類したものである。すると，先の右図は，底面の部分ではcontext-sensitiveな意味の集積が表され，中間どころでtrans-contextual（文脈横断的）な意味のタイプが示され，そして頂点のところでde-contextual（脱文脈的）なコアが示されている。

　日常の言語の使用は，完全に文脈依存であり，文脈に依存した意味づけを行う。ここでは，意味づけられた意味のことを"context-sensitive sense"（文脈依存の語義）と呼んでいる。一方，人は言語の使用を通して言語を学び，その意味を学ぶ。学習には文脈の捨象という一般化（抽象化）が関係する。このことは言語の意味の学習においても同じである。そこで，前図では，一般化の過程を二段階に分け，それぞれを「文脈横断的な意味」と「脱文脈的な意味」と呼んでいる。「文脈横断的」な一般化とは，ちょうど辞書編纂者が用法を語義別に分類し，さらに意味タイプにまとめるような作業である。一方，脱文脈的な意味がここでいうコアにあたり，前頁の図では，一般化が進むところまで進んだ結果としての産物とみなすことができるが，これは，言語使用者にとって，通常は，意識されることはない。そこで，コアは，用例の分析によって引き出される概念であり，後述するように，抽出されたコアが妥当なものであるかどうかを問うことは重要である。いずれにせよ，例えば，breakのコアを記述する際には，break（x, y）という関数関係におけるbreakの意味が問題となる。

　本書では，語の意味分析において，コアを想定する考えを「コア理論（core theory）」と呼ぶことにする。コア理論の主張は，一言でいえば，次のようになる。

【コア理論の主張】
A.「形が違えば意味も違う」
B.「形が同じなら共通の意味がある」

これらの主張はともに，上でふれたように，Bolinger によって指摘されたものである。最初の主張は完全な同意性の排除を意味する。例えば，英英辞典などで take after の項をみれば resemble が出てくる。しかし，コア理論の主張Aによれば，2つの表現には意味の違いがあり，それが以下の用例比較に示されている。

（1）Mr. Smith resembles Mr. Brown in many respects.
（2）?Mr. Smith takes after Mr. Brown in many respects.
（3）Nancy takes after her mother in many respects.

ここでは take after の使用において，「血縁者であること」と「年下のものが年上のものに」の2つの条件が働くという理由から(2)は用法として容認性が低い。また，誰かが何かの動物に似ているという状況では take after は不自然である。

Bolinger は「形が違えば意味も違う」という主張を，一般に文法現象とよばれる領域内で裏付ける分析を行なっている。例えば Would you like to have some tea? に対して，Yes, I would. とも Yes, I would like to have some. とも答えることが可能であるが，「最初は断わったが気が変わり，やはり少しいただきたい」というときには，Yes, I would like to have some. のみが可能である。また，彼女はドレスをいろいろ買ったという状況で，She bought a red dress, a green one, and a blue one. といえば，単に購入物のリストにすぎないが，明らかに買い過ぎであるという感情的なニュアンスは，She bought a red dress, she bought a green dress, and she bought a blue dress. において，より効果的に伝わりやすい。さらに，She threw away the key. と She threw the key away. を比べてみると，throw the key away において away の「場所」的な意味がより強く浮かび上がってくる。このように語法

上の問題だけでなく，文法上の問題にも「形が違えば意味も違う」の原則が適用するという点を Bolinger は示した。

　コア理論の主張の B の「形が同じなら共通の意味がある」は，コアの適用範囲を示唆している。つまり，簡単にいえば，一見つながりが不透明な語義が共存するとしても，語義間になんらかの接点を見いだすことができる。それが多義語ということである。コアは全ての用例を 100% 説明することができることが望ましいが，言語には種々の要因が関与するため，95% あるいは 90% の現象を説明することができれば，理論として有効である。

　さて，コアの強みは，一見，無関係と思われるような語義の関連性を示すことで，意味の連続性を説明することができるところにある。例えば，miss の語義には I miss you. にみられる「会えなくて寂しい」と I missed the last train. にみられる「乗り遅れる」という意味がある。これらは，一見なんの接点もないように思われるが，《対象を捉えそこなう》というコアを想定すればここでの 2 つの語義は繋がる（本書 23 頁を参照）。コアを語彙の意味論に導入する理由は，まさにここにある。つまり，コアがある単語の様々な意味を紡ぐ針と糸のような役割を果たすということであり，それによって私たちは語の意味の展開にどのような制約が働いているかを知ることができるということである。

　コア理論の強みを例証するため，少しむずかしい問題を考えてみよう。「会う」には see と meet があるが，初対面だと meet が，二度目以降だと see が使われる。だが，「医者に診てもらう」ははじめてであっても see a doctor というのはなぜか。この事実をどう説明するかというのがここでの問題である。この問題については，筆者たちの知る限り，きちんと説明されたことはないように思う。しかし，ここでもコアは有効である。

　まず，see のコアは《視覚器官がはたらき，対象を視野にとらえる》というものである。see のコアには〈視覚器官の働き〉と〈対象を視野に捉える〉の 2 つの要素が含まれているが，それは名詞形の sight に「視力」と「景色」の 2 つの意味があることを考えると分かりやすい。「生まれたばかりの赤ん坊は目が見えない」は〈視覚器官の働き〉に重点を置きつつ，Just born babies still don't see. と表現することができる。それに対して,「暗闇で何も見えない」という状況では,視覚器官が正常に機能していることを前提にしつつ, I can't see anything in this darkness. と表現される。一方, meet のコアは「何かに合って接する」である。

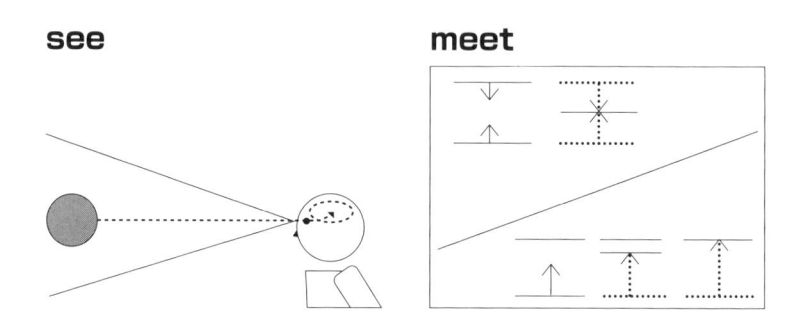

see

meet

　meet の場合,互いに動いて接する場合と,ある基準がありそこに達して接する場合の 2 通りがある。さて, I'm going to see him.（彼に会うつもりだ）だと,「彼」をちゃんと視野にとらえるためには,彼がどういう人かを知っている必要がある。そこで,初対面では see は不自然となる。一方, meet には偶然であれ,計画的であれ「合って接する」というコアがあるため,初めての出会いは meet がよい。「医者に会う」というように特定の目的が想定可能な場合は, see はただ「会う」だけでなく,「医者に会って相談する」といった意味合いまで読み取ることを可能にするが,それは文脈からの推論である。ちなみに,「医者に診てもらいたい」は I want to see a doctor. と see を使い,「(医者が) すぐに診てくれますよ」は He'll look at you soon. と言う。患者は医者に対面する立場にあるのに対して,医者は対面するだけでなく,患者の体に目を向ける（検査・検診する）立場にある。この立場の違いが, see と look at に現れている。なお,会合の meeting などはある場所（点）に人々が集まってくるという意味合いがあり,以下のようなイメージがある。gathering（集い）との比較をしてみるとよいだろう。

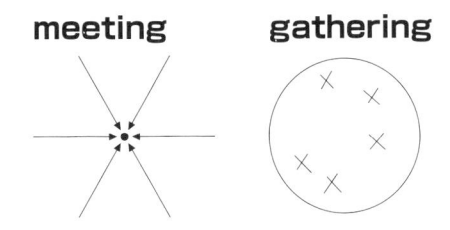

```
  meeting      gathering
      \|/        ⭕ × ×
      -•-       ( ×  × )
      /|\        ⭘ × ⭘
```

　このように，コアは「なぜそうなのか」という問いに対して，きちんと理論的に整合する回答を与えることを可能にする。

　なお，これまでの議論に対して，ここで 2 つの注を加えておきたい。第一に，コアの記述の妥当性についてだが，論理的妥当性（logical validity）と心理的妥当性（psychological validity）の 2 つを考慮する必要がある。論理的妥当性とは，説明のしかたが論理的に整合しており，誰が見ても明証性が保たれているというものである。一方，心理的妥当性には，心理的実在性（psychological reality）と心理的尤もらしさ（psychological plausibility）とがあり，前者は，母語話者であれば，直ちに直観と符合することを判定することができるような場合であり，後者は，説明されれば「なるほどそうなのか」と理解し，了解するという場合である。

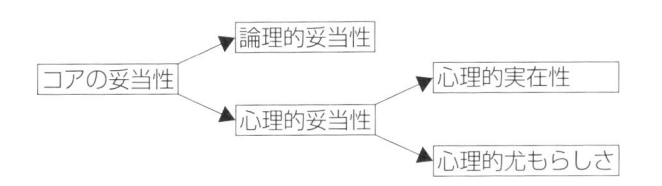

```
                    ┌→ 論理的妥当性
  コアの妥当性 ──┤                  ┌→ 心理的実在性
                    └→ 心理的妥当性 ──┤
                                      └→ 心理的尤もらしさ
```

　第二に，コアという用語そのものは，誤解されることがある。それは，認知意味論が台頭してくるときに批判の対象に据えたのがまさに（意義素論における）コアという概念だったからである。しかし，旧来のコアは，「必要にして十分な条件を満たす意義素の束」として特徴づけられてきたが，われわれのいうコアは「刷新されたコア」であり，それは意味図式を表すと同時に，後述するように，その図式に認知操作を加えるというところに特徴があ

る（田中・松本 1997）。

1.4. 基本動詞の意味論：事例分析

　コア理論から引き出される教育的示唆は，基本動詞は意味が複雑で多岐にわたるのではなく，単純であいまいな意味構造をしているということである。あいまい性があるからこそ，文脈によって多様な解釈が可能となるのである。以下では，上で言及した break と take を改めて取り上げ，コア分析によって何が説明可能となるかについて見ておきたい。

1.4.1. break の意味世界

　break の意味は何かと聞かれれば，まず「こわす（break a vase）」が連想され，続いて「やぶる（break one's promise）」「わる（break eggs）」「おる（break one's leg）」等が思い起こされることだろう。すると，break＝｛こわす，やぶる，わる，おる，etc.｝という具合に，日本語訳のリストを使って break の意味を理解しようとすることになる。しかし，「こわす」といっても break だけでなく，smash や ruin 等が候補に挙がり，break と「こわす」の意味範囲が一致しないところに問題が起こる。つまり，break に複数の日本語訳を充てた場合，個々の日本語項目はさらに複数の英語動詞に対応し，結局，break の意味感覚が掴めないという問題である。

　そこで，break の用法を統一的に説明するコアが必要となる。break のコアは《x break y において，y に力を加え，y の本来のあり方（形・機能・動き［流れ］）を損じる》と記述することができる。この break のコアを分りやすくするため y には〈動きのないモノ〉或いは〈動きのあるモノ〉が入るという点を付け加えることができよう。さて，この

break

（Ⅰ）形・機能を損じる

（Ⅱ）動き（効力）を絶つ

点を念頭に置きつつ，break のコア図式の分解図を示せば，概略，前ページの図のようになる。

y が〈動きのないモノ（具体物・抽象物）〉であるか〈動きのあるモノ（動きが感じられるモノ）〉であるかによって，break の用例を2つに分類することができる。

【−動き】：|break a vase（花瓶をこわす），break one's neck（首を折る），break the window（窓を割る），break the loaves（パンをちぎる），break an egg（卵を割る），break prison（脱獄する），break one's heart（心を痛める），etc.|

【＋動き】：|break the wind（風を遮る），break one's journey（旅を途中でやめる），break an electric current（電流を切る），break the world record（世界記録を破る），break one's promise（約束を破る），etc.|

【−動き】の用例に共通しているのは「（形あるいは機能に対する）損傷のイメージ」である。例えば，Jane broke her new computer. だと，形に損傷が加えられるということと機能に損傷が加えられる両方の事態が想定可能となる。break prison や break one's heart では，ちょうど「容器をこわす」というイメージを思い浮かべるとよい。in prison とか in love のような表現からも察しがつくように，抽象的なモノを「容器」に見立てるということは頻繁に見られる現象である。break an egg の情景を想像し，その情景を break one's heart に投射させてみればよい。

break

break an egg

break one's heart

応用問題に break the sad news（悲しい知らせを突然知らせる）があるが，

この break も，the sad news が容器（悲しい知らせの入った容器）に見立てられていると考えれば，その容器を break することで，「（突然に）何かを知らせる」といった意味合いが出てくる（なお break the news はどういうわけか「悪い知らせ」に限られるようだ）。ここまで来れば，break the deadlock がどうして「行き詰まりを打破する」という意味になるかを理解することはたやすいだろう。

　【＋動き】の用例では，〈動きを止める（断つ）〉という意味合いが出てくる。break に似た語に brake があるが，語源的には同根である。進行中の車を止めるには brake を踏むが，この brake の意味合いが〈＋動き〉の break では生かされている。breakfast も，同様に，元来〈断食を断つ〉という意味合いであった。break one's promise の解釈の仕方として，約束が有効な限り，その効力が続く，と考えてみるとよい。「約束を守る」に当たる英語は keep one's promise という。keep が効力の持続を表し，break がその効力を断つというのが break the world record や break one's promise の解釈である。

　break には break a horse（馬を飼い慣らす）という用法があるが，これは，野生の馬は，本来，荒々しいが，breaking という行為によってその荒々しさが損なわれる様子を考えてみれば，理解しやすくなる。新調の革靴を靴ずれしないように履き崩すことを break the new leather shoes というが，その理由は完成品としての靴の形を崩すことで履きやすくするという意味合いが含まれるからである。

　break の句動詞として以下のようなものがあるが，ここでも break のコアが生かされている。

　break away　あるものとの関係を断ちそのものと遠ざかる→「つながりを絶つ」
　break down　こわれて下がる→「計画などが挫折する」「体力が衰える」；こわして下げる→「下位分類する」（全体を細かく分解し，部分を下のほうに落としていく）

break with　ともにある状態を絶つ→「伝統や友情などを絶つ」

1.4.2.　take の意味世界

　take の用法は辞書に記載された語義を見る限り実に多様で，「手に取る (take a wineglass from the table)」「捕らえる (take the thief)」「獲得する (take the first prize)」「受け取る (take a present from her)」「必要とする (The job takes time.)」「乗り物などで運ぶ (The bus takes us to the National Library.)」「摂取する (take the medicine)」「連れて行く (take one to one's house)」「場所を占める (take a seat)」など，他にも多数の用法がある。こうした take の多様性をうまく利用した表現に以下のものがある。

Take nothing but pictures.
Leave nothing but your footprints.
（写真以外何もとってはならぬ。足跡以外何も残してはならぬ。）
注：森林公園などで見かける掲示

　同じ take でも take pictures は「撮る」，take nothing は「盗る」である。しかし，take のコアに注目してみると，その本来的意味は単純な構造であることが分かる。take のコアは，《x take y において，x が y を自分のところ（HAVE 空間）に取り込む》と記述することができる。その際に，x が y をあるところ（A）から x のところ（C）になんらかの手段（B）で移動させる，という3つの側面を切り出すことができる。このことを図示すれば，以下のようになる。

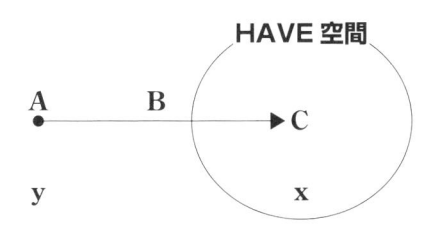

つまり，take は A，B，C の 3 つの側面をすべて守備範囲に含む動詞であり，焦点をどこに当てるかによって，その具体的な意味合いが異なる，ということがこの図に含意されている。

【take のコア】x が y を自分のところ（HAVE 空間）に取り込む
　A の焦点化：〈…から y をとる〉|steal, remove, extract, subtract, etc.|
　B の焦点化：〈手にして〉|grab, grasp, seize, etc.|
　C の焦点化：〈y を自分のところに取り入れる〉|receive, accept, acquire, consume, etc.|

　焦点を A に当てれば，〈A から y をとる〉ということで，英語では |steal, remove, extract, subtract, etc.| が類義語となる。B に焦点を当てれば，手段が注目されるようになり，それは典型的には〈手を使う〉動作であることから，|grab, grasp, seize, etc.| が類義語となる。そして C を焦点化すれば，〈y を x のところに取り入れる〉という点が強調され，take は |receive, accept, acquire, consume, etc.| の意味合いが出てくる。

　以上，一見，複雑に見える take もコア図式にしてみれば，その意味構造は単純であることが分かる。いくつか具体例を説明してみよう。A に焦点を当てた表現である take a plate from the table（テーブルから皿をとる）の動作のイメージを念頭に置けば，take one's tooth（歯を抜く）だけでなく，take 7 from 30（30 から 7 を引く）などもすんなりと理解することができよう。同様に，C に焦点を当てれば，〈受け取る〉〈理解する〉〈摂取する〉〈獲得する〉など多様な意味合いが生まれることもわけなく了解できよう。I can't take it anymore.（もう我慢できない）は何かを受け入れる際の許容量に達しているという意味合いが背後にある。

　He took it. だけであると，「彼はそれを盗った」「彼はそれを手にした」「彼はそれを食べた」などの解釈が可能で曖昧だが，それに and got a stomachache, and put it on the table, and got arrested. のどれが続くかで，意味が絞り込まれる。

He took it →　　and got a stomachache.
　　　　　　　　and put it on the table.
　　　　　　　　and got arrested.
　　　　　　　　to Mary.

　仮に He took it to Mary. となると，「彼はそれをメアリのところに持って行った」と解釈されるが，それは He took it の部分で〈彼がそれを手にとり〉が表現され，to Mary によって〈メアリのところまで〉が追加されているからである。ちなみに，He took it there. だと「彼はそれをそこで取った」と「彼はそれをそこへ持っていった」の2つの解釈ができるが，there に at the place と to the place の2つの解釈があるからである。このように，take の意味は単純であいまいである。すなわち，単純な意味図式があり，そのままではあいまい性があるからこそ，He took it は文脈によってさまざまな解釈を許容することになるのである。以下の例では You took it. だけではあいまいさが残るため You stole it. と明記化している。

　A：Dad, you have it.（とうちゃん，それあげるよ。）
　B：No, I can't. You took it. You stole it.（そうはいかない。お前はそれをとったんだろう。盗んだんだろう。）

　しかし，たとえ単純な意味図式でも，take のコアは，take らしさをきちんと記述している。例えば，時に take との意味の違いが紛らわしい get を例にしてみよう。いずれにも「何かを獲得する」という意味合いがあり，「一等賞をとった」は get the first prize とも take the first prize ともいえる。しかし，take はコア図式が示すとおり，外から自分のところに取り込むことに力点があるのであり，努力して確保するという意味合いはない。一方，get のコアは《ある事態を引き起こす（ある状態にする）》ということで，get the first prize といえば，「一等賞の獲得という事態を引き起こす」ということで，主語側の積極的な働きかけが感得される。両者の違いは，以下のような比較に見られる。

（１）Little did I dream that I could win the contest. But I [got/took] the first prize.
（２）There was no doubt about his winning. And, indeed, he [took/got] the first prize.

前者では，got がより適切であり，後者では took がより適切な選択となる。それは，前者において，努力が含意されるのに対して，後者では，勝つことが初めからわかっていたわけであり，「努力」というより「自分のものとした」という点が強調されるからである。

用例の中には take a walk や take a look などのように，主体自らの行為を表すものがあり，「HAVE 空間の外から中へ」という図式は，適切ではないのではと思われるかもしれないが，HAVE 空間が所有を典型に経験空間へと広がりを見せる（本書 HAVE の項を参照）。すると，take a walk も主体が「散歩」という行為を経験空間に取り入れること，すなわち，「散歩する」ということ，と解釈すれば，コア図式の応用力を理解することができよう。

It took 30 days to finish the project. では時間などを要するという意味合いであるが，ここでも図式投射がみられ，プロジェクトの終了が30日を取り込むということから30日を必要とするという意味合いになる。

take には take after（似ている），take off（離陸する），take to（癖がつく）などのように，take のコアと一見無関係な熟語表現があるが，これらについても，一貫した説明をすることができる。take after は前述したとおり，x と y の２人を想定し，x が後から y の特徴を（遺伝により）取り入れる，と考えれば，John takes after his father. は理解可能となる。このままでは取り込まれる特徴が特定化されていないため，単に「似ている」ということになる。The plane took off. は自動詞的用法だが，The plane took (itself) off (the ground). と itself と the ground を補えば，〈飛行機が自分自身（車輪）を取り込み，滑走路から離れる〉となる。最後に He took to gambling. は「彼はギャンブルが癖になった」と訳されるが，〈彼が自分自身をギャンブルのところに連れていく〉と解釈すればよいだろう。

1.5. 手作り「基本動詞カード」の作成

　基本動詞を使い分けつつ，使い切れるようになれば，英語の総合力が相当に上がるはずである。これまでの議論から言えることは，基本動詞の「攻略法」として有効なのは，それぞれのコアに着目することで，動詞の使い方の背後に意味の連続性を読み取ることである。しかし，基本動詞の使用範囲を全て網羅するとなれば大変である。特に，中学生や高校生であれば，それぞれの基本動詞の持ち味を知ること，これが重要となる。そのため，以下のような「手製基本動詞カード」があれば，基本動詞の学習がずいぶんと楽になるはずである（→1.7.(2)「レキシカル・コア・カード指導法」）。

reach［riːtʃ］：到着する；連絡をとる

【コア】

reach

ある点からある点まで届く

【用例】

　We're reaching London by three o'clock.（3時までにはロンドンに到着します。）／Can I reach you by e-mail?（あなたに，eメールでコンタクトはとれますか？）／Please call me. I can be reached at.（電話ください。連絡がつくようにしておきます。）

【解説】

　reach は，「到着する」といっても目的地までの旅行の行程を跡づける働きがある。〈到達した場所〉に力点が置かれる arrive at (in) とはこの点が異なる。〈手を伸ばす〉といったイメージを投射させることで，〈連絡をとる〉だけでなく，reach the final conclusion（最終結論に到達する），Would you reach me the salt?（手を伸ばして塩を取ってもらえますか），as far as the eye can reach（視線が届く範囲において），reach middle age（中年に達する），reach (the hearts of) the audience（聴衆の心に届く）など応用できる。幼児が月をつかまえようと手を伸ばしている状況だと reach for the moon となる。月まで手を伸ばすことができないため for を用いる。

miss［mis］：乗り遅れる；（いないのを）淋しく思う
【コア】

miss

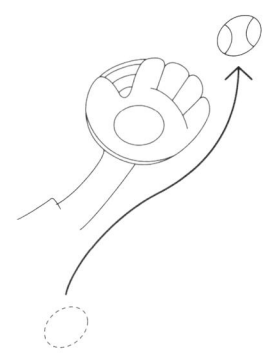

何かを捉え損なう（逸する）

【用例】
　I missed the last train.（最終列車に乗り遅れちゃった。）／I'm going to really miss you.（(会えなくて) 寂しくなるね。）

【解説】
　捉え損なう（fail to capture）のが何かによって，miss the train（列車に乗り遅れる），miss the easy ball（簡単に打てるボールを空振りする），miss the last chance（最後の機会を逸する）などその意味合いは様々である。I miss you. は気持ちの上でいるはずの相手を捉え損なうことから，当然居て欲しいという気持ちが生まれ，〈いないのを淋しく思う〉という意になる。Don't you miss your children? だと「子どもが恋しくないかい」ぐらいの意味。寿司好きの人が外国にいて寿司を食べることができなければ，I miss "sushi." という。missing は〈あるべきところにない（いない）〉という形容詞。

1.6. 基本動詞の意味を理解するための原理

さらに，基本動詞の意味をよりよく理解するためには図式の投射と焦点化，さらには差異化の原理に注目する必要がある。図式の投射と焦点化は基本動詞の意味の広がりの原理であるし，差異化は，ある動詞にだけ着目するよりは，意味的に関連した他の動詞に注目するほうがよい，という示唆を含む原理である。各原理について以下の例を使って説明していきたい。

(1) 図式投射の例：run
(2) 図式焦点化の例：go, remember
(3) 差異化の例：|speak, talk, say, tell|, |get to, reach, arrive at|

1.6.1. 図式投射としてみる基本動詞

他動詞の場合，図式投射は目的語の取り扱いに影響を与える。例えば，break one's heart では，「心」という無形のものを break の対象にすることにより，無形の心を有形の breakable な何かとして取り扱うという認知の働きが背後にある。run a business でも同様に，「仕事」を run の対象とすることで，「一方向に途切れなく進める何か」として捉えるという認知の働きを読み取ることができる。この手の投射は，ごくありふれた現象で，例えば lay は《しっかりと，平らな状態に置いて，動かさない》というコアがあるが，He laid his hopes on his only son.（彼は一人息子に望みをかけた）では，lay のコア図式をそのまま生かして「期待・信頼・負担などを何かにしっかり置く」ということである。ここでは run を事例にして図式投射のありようをみてみよう。run の基本的な意味は，「（人・動物が）走る」ということだが，run の持ち味を理解するためさらに一般化した次のようなコアを理解しておく必要がある。

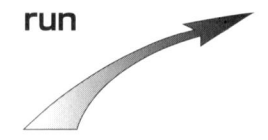

run ↗

ある方向に，連続して，すばやくなめらかに，動く

ここで挙げた特徴の内で，特に〈すばやく〉の部分は，具体的な移動が関与しない用例では弱められる。がしかし，上のようなイメージが何らかのかたちで作用するところに run の持ち味がある。

例えば，My stocking ran again.（またストッキングが伝線しちゃった）だと，伝線は，あっと思った瞬間に，連続的に，すばやく，一定の速度で，一方向に向かって起こる。そこに run が生きている。

run

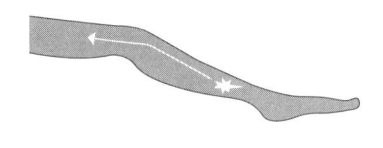

Your nose is running.（鼻水が出ているよ）や This river runs through the village.（この川はその村を突き抜けるように流れている）などの用法では，〈すばやく〉の部分は問題になっていないが，〈ある方向に連続してなめらかに動く〉という部分は生きている。

あるブロードウエイのミュージカルが10年間にわたって長期公演されたという内容を英語では The Broadway musical ran 10 years. と表現することができるが，ここでも〈10年間という時間にわたって，途切れなく続いた〉という run の意を読み取ることができる。

run は，元来，〈動き〉を表す自動詞であるが，それが他動詞になると，〈何かを途切れることなく動かす〉という意味になる。そこで，run a car（車を動かす）が生まれ，さらにその応用として，run a computer（コンピュータを作動させる），run a company（会社を経営する）のような用法が派生する。

run a company といった他動詞の例でも，会社を経営するにはとぎれとぎれでは成り立たず，利益を追求する方向（目的）に向かって，順調に流れる，という様子を run から読み取ることができる。また run a risk（危険を

冒す）のような，一見特殊に見える例でも，比喩的に，〈リスクを「物」化し，それを走らせる〉という具合に了解しておくと，投機的なリスクと関連のあることが分かる。同じく「危険を冒す」と辞書などで訳される take a risk の場合は，「リスクを覚悟でそれを受けとめる」という感じになる。いずれにせよ，《ある方向に向けて，途切れなく，動く》というイメージが背後に働いていることに注意しよう。

1.6.2. 図式焦点化と基本動詞の意味

　基本動詞の意味世界を理解する上で特に重要なのが図式の焦点化（highlighting）である。take の図式には3つの焦点化の側面があったように，例えば，go の場合にも3つの側面を取り出すことができる。

●基本動詞 go
　go のコアは《視点が置かれているところから離れて行く》で，多様な意味は以下の3つの側面に分類することができる。

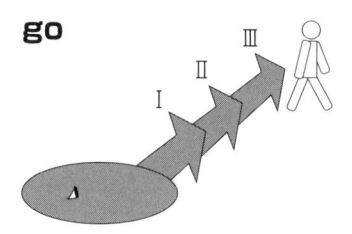

　　（Ⅰ）場から離れる，（Ⅱ）進行する，（Ⅲ）ある所に向かう

　（Ⅰ）の「場から離れる」からは，「離れる，去る」「なくなる」「衰える，使えなくなる」などの意が，（Ⅱ）の「進行する」からは「（人・乗り物が）走る」「（機械・脈などが）動く」「（噂・植物の種などが）広まる」などの意が，そして（Ⅲ）の「ある所に向かう」からは「（…に）行く」「（あるべき場所に）しまう」「（悪い状態に）移行する」などがある。以下の用例は，それぞれの側面に焦点を当てたものであり，go の多様な意味がきれいに構造化されている。

【用例】
（Ⅰ）の焦点化

I want to talk more, but I must be going.（もっと話をしたいけど，そろそろ行かなきゃいけません。）

My headache has gone.（頭痛が消えた。）

This stain won't go.（このしみが消えない。）

Give me a new light bulb. This one has gone.（新しい電球を持ってきて，こいつは切れているから。）

（Ⅱ）の焦点化

The marathon runner's going too fast.（そのマラソンランナーはちょっと速すぎる。）

My pulse is going quickly.（私の脈が速い。）

The rumor goes that the president was assassinated.（大統領が暗殺されたという噂だ。）

How's everything going?（調子はどうですか？）

（Ⅲ）の焦点化

She went into a drugstore.（彼女は薬局に入って行った。）

My mother decided to go to (the) hospital.（母は病院に行って診てもらう決心をした。）

These dishes all go in the bottom shelf.（この皿はみな一番下の棚に置かれる。）

I would go crazy if I was all alone here.（ずっとここに一人でいたら気が変になっちゃう。）

このように整理して，多様な用法を理解しておけば，意味の全体像がつかめるだけでなく，go を使い分け，使い切るための基準が得られるはずである (→2.8.（1）「図式焦点化を利用した指導」を参照)。また，He went swimming in the river. のような文では，実際に「川で泳いだ」という事実を含意するが，この go は「～へ行く」ではなく，むしろ（Ⅲ）の部分が焦点化される

用法であるという点に注目すると理解されやすい。swimming という活動に go するという意味合いに近い。このことは，He went to the river to go swimming. という文が自然であるという事実からも説明される。

●基本動詞 remember

同様に，remember のような動詞でもコア図式の焦点化が習得の鍵となる。remember のコアは《記憶にとどめておいて必要な時に取り出す》というものだが，これを図式的に表わすと「入力」「保持」「想起」の３つの側面を包含する「ゲシュタルト」である。ちなみに語源的に見ても，remember の -mem- は memory（記憶）の mem- と共通であることに気づく。

一般的に，焦点化が作用する図式の場合はゲシュタルトとしてとらえることができる。「ゲシュタルト（gestalt）」という用語は，もともと，知覚の心理学の流派，およびその流派の中心概念を示すものであるが，言語学においても，重要視されている。コア（図式）はゲシュタルト的な特徴を有する。ゲシュタルトに関する主要な論点は，①全体は部分の総和以上であるとし，創発特性を強調する，②ゲシュタルトには「前景／図（figure）」と「後景

／地（ground）」の関係がみられ，知覚における前景化（foregrounding）あるいは後景化（backgrounding）を強調する，③視点の置き方によって図と地の関係は反転しうる，といったものである。また，人間の知覚には不完全なものであっても，その不完全な部分を補う「閉合の原理（closure）」が作用するとされ，これは，英語教育分野ではクローズテスト（cloze test）などの理論的前提となっている。これらの論点は知覚に関するものであるが，ここでは，特に，②の前景（図）と後景（地）の関係に注目したい。

さて，remember の意味に関しても，図と地の関係を有するコア図式のどの側面を焦点化するかによって，用法に多様性が生まれる。例えば，入力の部分を焦点化すれば，My grandmother doesn't remember well. (おばあちゃんは物覚えがよくない)，保持の部分を焦点化すれば，Remember to call me. (電話するのを忘れないでね)，そして，想起の部分を焦点化すれば I remember working with her. (彼女と一緒に仕事をしたのを覚えている) といった具合である。recall や recollect だと，想起の側面のみを問題にするため，動名詞を目的語にとることはできるが，to 不定詞が続くと不自然になる。remember が動名詞も to 不定詞もとることができるのは 3 つの側面を全体として範囲に含む動詞だからである。しかも，ある側面を図として取り出しても，他の側面は地としての機能を持つ。例えば，Remember to call me. は「覚えておくこと（保持）」に強調点があるが，その前提として「記憶に入れること（入力）」そして「そのことを思い出すこと（想起）」が同時に含意されている。なお，ここでの議論から「図式焦点化指導法」が生まれるが，それについては，次章で取り扱う前置詞との関わりで説明する。

1.6.3. 差異化と基本動詞

基本動詞を学ぶ上でもうひとつ重要な点は，差異化による学習，ということである。単語は孤立した形で使われることはないし，意味的に関連性のある単語というものもある。英語を学ぶ上でむずかしいのは，日本語に訳した場合，意味の違いがわかりにくい単語同士を使い分けることである。例えば，speak, talk, say, tell は「話す」と「言う」に訳されるが，経験的に

言って，使い分けがむずかしいと感じる学習者が少なくない。ここでは差異化が問題となるが，学習・指導の立場からは，関連語の意味の差異が分かるような捉え方をすることが最も有効な方略である。以下では，speak／talk, say／tell, それに get to／reach／arrive at の違いについてみておきたい。

● speak／talk

speak と talk は両方「話す」という意味でまぎらわしい。まず speak は「音を出す」ということに強調点がある。「もっとはっきり話して」は Please speak more clearly. だし，「彼女はよい声をしている」は She has a nice speaking voice. である。また，電話で「誰々さんいますか」に対して「私です」は Speaking. というが，これは，He's／She's speaking. ということで，文字通り「声を出しているのがその人です」ということ。a speaker には「一方的に喋る人」という意味合いがある。

一方，talk は話す相手が存在し，「双方向のやりとり」をすることが重要である。「彼女は英語を話す」だと She speaks English. でよいが，「赤ちゃんは話せるようになったのよ」だと，My baby can talk now. がよい。それは，ここでの「話せる」は，「双方向のやりとり」を前提にするためである。「首脳会談」は「やりとり」が前提になるため，summit talks だし，勿論，ゲストを呼んで話し合うテレビ番組は a talk show という。もし My parrot talks. といえば，オオムが人間の言語を真似るというだけでなく，話し相手にもなるということが含意される。Money talks.（金が物を言う）は，相

手との交渉を前提にするため，talk でなければならない。

●tell／say

日本語の「言う」に当たる say は，「発話内容」に注目する動詞である。だから，Say "Cheese." といわれれば，Cheese と答えることになる。また，名詞形の a saying は「格言，諺」の意だが，まさに say が内容そのものに焦点を当てた動詞だからである。He said that he didn't do anything. でも that 節が say の内容になる。コーヒーにミルクを入れていて「いいところで言って」は Say when. といい，「それでいいよ」は冗談めかして When. というのも同じである。

一方，tell は「内容を誰かに伝える」という情報の伝達に力点を置いた動詞だ。「ちゃんと言ったじゃないか」は Didn't I tell you?, I told you so. などとなる。Age is beginning to tell on me. だと「年がこたえてきた」という意味合いだが，これも「伝達」の意味の応用である。さらに，telling になると「効き目のある」という形容詞になるが，伝達重視の tell が生かされている。内容重視の say の saying と比較してみるとよい。「前にも言ったように」は as I said before とも as I told you before ともいえるが，後者では伝達相手が必要となることもここでの説明で理解できるだろう。

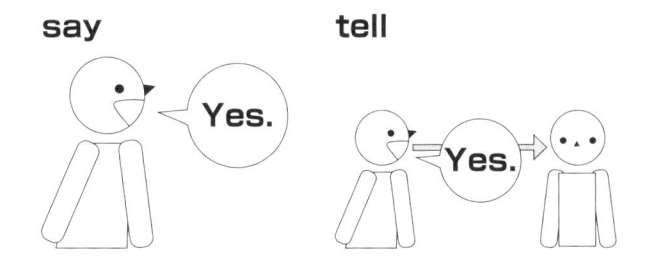

say

Yes.

tell

Yes.

●arrive／reach／get to

あるところから出発してある別のところに到着するという行程を考えたと

き，目標地点に関心があるのが arrive で，前置詞も場所を表す at や in を使う。到着時間のことを arrival time ということもわかる。目標の手前に視点がある場合は get to を使う。だから，郵便局にはどうやっていけばよいか，と尋ねる場合，How can I get to the post office? といい，arrive at を使うのはおかしい。向かう先を示す to とも相性がよい。

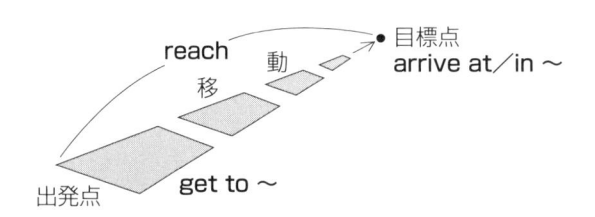

```
        reach  ─────────●目標点
                 動    arrive at／in ～
            移

出発点      get to ～
```

reach は何かに手を伸ばして届くということだから前置詞は必要ない。手前から目的地に届くというのが reach で自由に使うことができる。ただ目的地がわかっているという前提が reach にはあり，How can I reach the post office? は少しおかしい。

さて，基本動詞の「使い分けつつ，使い切る力」を身につければ，英語で自在に多様な表現を生み出すことができる。学習と指導のポイントは，コアである。コアを押さえることで，日本語によって分断された意味の連続性を回復すること，そして，コアをなぜそうなのかの説明原理として用いること，そしてコアを図式投射や図式焦点化を通して認知的に操作すること，これらの3点に特に留意する必要がある。

1.7. 指導法アラカルト
（1）基本動詞の意味から文法構文への橋渡し：動詞構文カード
【方法】
　動詞の用法（構文）を一枚のカードに列挙し，動詞の使い方を一目で分かるようにする。例えば，pay という動詞の場合だと，以下の情報を必要とする。

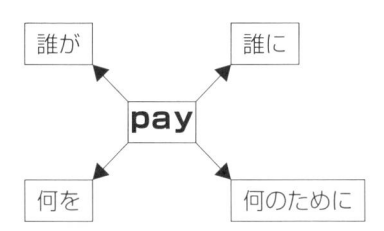

```
     誰が          誰に
         ↘       ↙
            pay
         ↗       ↖
     何を         何のために
```

payには次のような構文的可能性がある。

x (誰が)	pay	y (誰に 何を)	何に対して／何のために
I	must pay	[him ¥50,000].	
I	paid	[¥50,000]	to him.
You	should pay	[her]	for baby sitting.
You	paid	[her too much]	for cleaning.
I	will pay	[him]	to teach me English.

【指導のポイント】
　pay は意味的には特に学習上の問題はないが，構文的には多彩である。ここで示したような構文カードを用いると構文の可能性を生徒にすべて見せることができる。構文カードを利用する利点は，辞書で検索すれば複雑に見える pay の構文を一目で理解することができることである。こういったカードを手元に置いて，英作文などのタスクを行うといった活用法が考えられる。

同様に see の場合にも，構文的な可能性を以下のようなカードで示すことができる。

x	see	y
I	have seen	[an egg hatch].
The king	hoped to see	[the castle completed].
I	saw	[the boy swimming across the river].
He	doesn't see	[that it matters].
I	see	[what you mean].

注：see A do [doing, done]　：Aが…する [している，される] のを見る，
　　　　　　　　　　　　　　　目撃する，想像する
　　see+that 節 [wh 節]　：…だということがわかる，…かがわかる；…かを
　　　　　　　　　　　　　　確かめる，確認する

see の語彙的意味を知るだけでなく，その構文的可能性を学ぶことで，see を自在に使うことができるようになるのである。

(2) 基本動詞を使い分けつつ使い切るためのレキシカル・コア・カード (LC-card) を利用した指導法

【方法】

ここでは，レキシカル・コア・カードの作成を行う。内容は次の通りである。重要基本動詞を例えば100個精選する。そして以下の fix の例のように，それぞれの代表的な語義，コア，用例，解説を含む内容を一枚のカードにする。

fix［fiks］：固定する；食事などを用意する
【コア】ある場所・状態に何かを動かないように固定する
【用例】
　Fix this loose board.（このゆるくなった板を固定してちょうだい。）／Do you think you could fix that old radio?（あの古いラジオを直せると思いますか？）／I'll fix you a snack.（軽食でも用意するよ。）

【解説】
　fix a radio だと「ラジオを修理する」となるが，〈部品をあるべきところに固定することによりちゃんと機能するようにする〉ということ。Go to the doctor. He'll fix you soon. では「医者が患者を治す」の意だが，イメージ的には同じ。fix には手先の器用さが連想される。fix a snack（軽食を用意する）は，簡単な食事と飲み物を手際よく並べるという意味合いが読みとれる。a fixer といえば「黒幕的な調停者」のこと。「日時（the date）」「価格（the price）」を固定するときにも fix を用いる。fix a game は「八百長試合を仕組む」の意で「勝負をあらかじめ固定する」ということから fix を用いる。

　カードの裏には，以下のようなコア図式を示し，（できれば）いくつかの用例を絵にする。これを「レキシカル・コア・カード（lexical-core card：LC-card）」と呼ぶ。

fix のコア図式

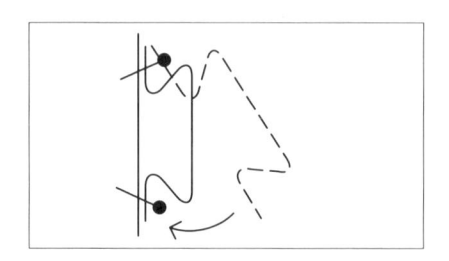

【指導のポイント】
　この LC-card を利用する目的は2つある。そのひとつは，例えば100の基本語を使いきれるようにすることであり，もうひとつは，電子辞典に慣れた生徒に単語の意味の世界を知る楽しみを教えることである。画面を見るのではなく，手元にカードを持ち，実際に触ることができるということが大切である。生徒が手にしていつも読むという習慣を身につけるだけでも効果はあるが，教室内で，何枚か LC-card を使って物語を作るとか，担当になった動詞の持つ意味をカードを使って説明するなど，エクササイズを行うとより効果的だろう。

（3）基本動詞の意味の連続性を理解させるための図式投射の原理を利用した指導法
【方法】
　動詞のコア図式と用例が示す事態との関係に注目をさせる。用例が示す事態を理解する際にコア図式を用いるというのがここでの方法である。動詞のコア図式をさまざまな用例に投射させることで，生徒に意味の連続性を感じ取らせるだけでなく，日本語の影響を最小限に抑えた形で，英語の動詞の意味を理解することを可能にする。これを「図式投射」と呼ぶ。これによって，コア図式を静的な絵としてではなく，動的な身体知として生徒が内在化することを促進することができる。

事例：run

　run のコア図とその記述を示し，次に，以下のような一連の用例をフラッシュカードなどを使って示す。生徒は，用例の背後にコアを読み取るようにする。ここでの目的は，意味の連続性を感得する，ということである。意味の連続性を知ることで，日本語に「惑わされる」ことなく，英語の run を使い切れるようになる。

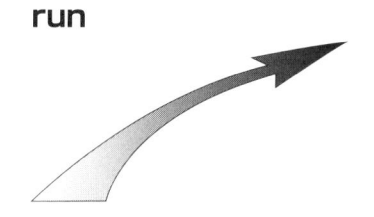

run

■**Intransitive Use（Something [Someone] runs.）**
John is running in the rain. ----->She is running out of the room. -->Money [Time] is running out. ----->This river runs east. -->Your nose is running. -->Her stocking ran again. -->A shudder ran through me. ---->The car is running fast. -->Her business is running well.

■**Transitive Use（Someone runs something.）**
He runs a car. -->She runs a small company. -->He runs a computer program. -->He ran a risk. -->They ran a nuclear test in the desert again.

注：run a nuclear test には実験のための一連の手順を途切れることなく進めるという意味合いがある。

【指導のポイント】
　順序としては，これら一連の用例を生徒に見せて，共通項を探させるとい

う作業を行ってもよい。ここで求められるのは規則を発見するという一般化能力であり，run のコア図式を自動化，身体化することが指導のねらいとなる。

第2章
前置詞の意味世界

2.1. 状況依存的な日本語と明示的な英語

　英語では，物事の空間関係を表す際には前置詞を用いる。しかし，日本人にとって英語の前置詞の習得はむずかしい。それは，日本語に英語の前置詞に対応する語がないだけでなく，空間関係を捉える際に日英語では表現の仕方に違いがあるということにも起因するからである。

　英語では前置詞があるため an apple in the box のように an apple と the box の空間関係を in によって表現することができる。これをそのまま日本語にすると「箱の中のリンゴ」になる。ここで in に対応する表現は何だろうか。「中」は形式名詞であり，「x の中（外，表面，上，等々）」のように，名詞（x）との組み合わせで用いる。だから，日本語の場合「[[箱の中]の（に，で）]」と分析するのが妥当である。英語では [[an apple] [in the box]] となり in the box は前置詞句だが，この前置詞句に相当する表現が日本語にはない。また，across を訳せば「…を横切って」となり，ここでの「横切って」は動詞である。いずれにせよ，日本語には，英語の前置詞にピッタリと対応するものがない，ということである。

　また，空間関係の表現の仕方にも違いがある。日本語は状況への依存性の高い言語である。このことは，「机に本がある」や「川に魚がいる」などの何気ない表現にも表れている。これらの2つの表現を英語にすれば，それぞれ There's a book on the desk. と There is fish in the river. になる。日本語では「に」になっているが，「机に本がある」は，表現上あいまいで，机の中なのか，机の上なのか，机のそばなのか，よく分からない。「に」は関係を仄かすだけである。しかし，通常，常識から言って，「机に本がある」といえば，「机の上の本」を指すのだろうという予測が利く。同様に，「川に魚がいる」だと，「川の中の魚」を指すというのが常識的な見方である。

このことから，日本語では，「xとyの空間関係が明白な場合には，いちいち言語化する必要はない」という原則が働く，という仮説を引き出すことができる。この原則を「状況依存性の原則」と呼ぶことができる。一方，英語では，ちょうど反対の原則が遵守される。つまり，「xとyの空間関係が明白な場合には，それを言語で示せ」という「言語的明示性の原則」である。川と魚の関係は明白なので，fish in the river のようにその空間関係を in で表現する。同じく，本と机の関係を a book on the desk と表現する，といった具合にである。

このように，日本語と英語とでは，空間関係の表現の仕方に違いが見られる。日本語が「に」を使うからと言って，直ちに学習上の問題が起こるわけではない。fish in the river とか a book on the desk における前置詞の選択に困難を覚える人はそれほどいないだろう。しかし，「窓に影が写っている (a shadow on the window)」や「指に指輪をはめている (a ring on one's finger)」などの状況を英語で表現する場合はどうだろうか。日本語では，「ドアの鍵」「ビンのラベル」「桶の水」のように「名詞＋の＋名詞」の形式を用いるが，この「の」も意味的には曖昧である。そこで，英語を学習する人は，a key to the door, a label on the bottle, water in the tub などの表現に困難を覚えることになる。同様に，「指にダイヤの指輪をはめている」に相当する英語文として There's a diamond ring [　] her finger. を大学生に与えたところ，「正解」の on を選んだ人は少なく，むしろ，around, to, at などの「誤答」が目立った。なお，ここで「正解」や「誤答」を括弧に入れているのは，以下で示すように，前置詞の選択が正解であるか誤答であるかは，表現された事態の想定に依存するという立場を採用しているからである。例えば，a ring around one's finger でも，文字通り，指をくるりと囲むような指輪が想定されていれば，正解となる。

2.2. 前置詞の選択と世界の捉え方

前置詞の選択は常にある見方を示し，その見方が解釈可能であるかどうかが問題である。例えば, the room ならば in the room を連想しやすいが, They are in the room, They are through the room, They are across the room の3つの表現を比較してみよう。through the room だと「部屋を通り抜けたところ」の解釈ができ, across the room だと「部屋の向こう側に」という解釈が可能である。in the air と on the air, a truck in the street と a truck on the street を比べて，どちらが正しい使い方であるかという問いは，意味をなさない。想定された事態によって，いずれでもありうるからである。in the air だと「空中に」だし，on (the) air だと「気流にのっかっている」ということから「放送中」などの意となる。また，トラックが道路上にあるという場合だと a truck on the street が，トラックが道を塞いでいるような状態にある場合だと a truck in the street が適切な表現である。

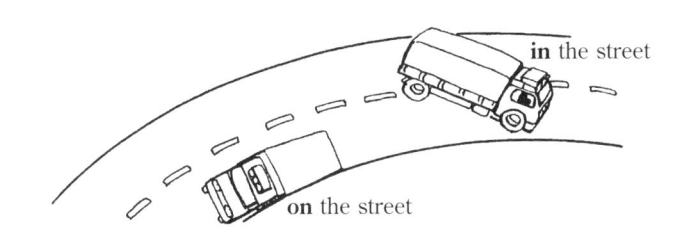

2.2.1. 意味の捉え方

さて，前置詞の多義を捉える場合にも，基本的にコア図式を用いた理論が有効である。基本動詞の多くの場合——図式による表示ができない基本動詞もあるが——，コア図式という概念が有効であること，そして，「図式の焦点化」と「図式の投射」が重要な認知操作であることを指摘した。前置詞の場合も考え方は基本的に同じである。それに，英語では，動詞と空間詞（前置詞・副詞）を結合することで句動詞を構成するが，その場合に重要な認知操作が「図式融合（schema blending）」である。

さて，前置詞の意味展開には上の2つが基本操作として関与するが，in のようにもっぱら「図式投射」で説明されるものと，over のように「図式焦点化」と「図式投射」の2つがメインとなるものとがある。以下では，このことについて説明しておきたい。

2.2.2. 図式投射と前置詞

　前置詞は，x と y の空間関係を表すという主機能をもつが，ここでは空間関係の展開に着目したい。展開というのは，下図で示しているように，基本として物理的な空間関係があり，それが図式化された場合，その図式——in の場合は「容器」図式——の投射によって，時間関係，社会関係，心理関係などに応用されるという意味である。例えば in を事例にしてこのことを見てみよう。

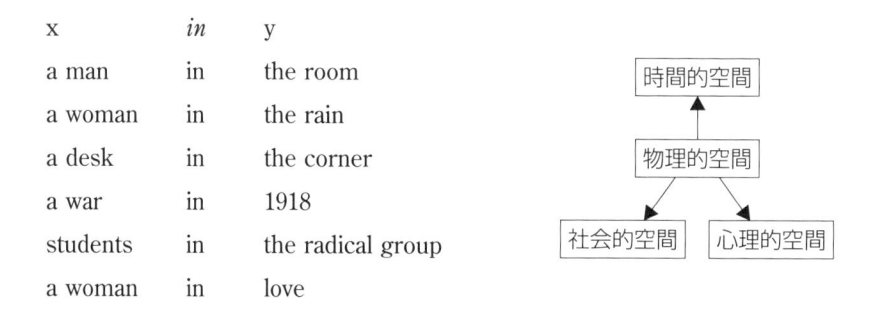

x	*in*	y
a man	in	the room
a woman	in	the rain
a desk	in	the corner
a war	in	1918
students	in	the radical group
a woman	in	love

```
        時間的空間
           ↑
        物理的空間
         ↙    ↘
    社会的空間  心理的空間
```

　なお，ここでいう「投射 (projection)」のことを「空間化 (spatialization)」あるいは「隠喩的拡張 (metaphorical extension)」という言い方をする場合がある。さて，物理的関係といっても，もっとも基本的な用例が a man in the room であり，境界のある三次元空間が想定される。しかし，ここでの例でいえば a woman in the rain と a desk in the corner, さらに the worm in the apple, the mountain in the north, grasshoppers in the grass, the curve in the road, in the direction of the gate などは，物理的空間内を表すが，典型的な三次元空間ではなく，物理的空間における図式の投射（拡張）の事例とみなすことができる。

the worm **in** the apple

the mountain **in** the north 　　grasshoppers **in** the grass

the curve **in** the road 　　**in** the direction of the gate

　in のコア図式は「内部空間」という概念で表すことができ，端的に「容器」のイメージである。そして，繰り返せば，in の多義的な広がりはそのコア図式の投射によるし，図式を投射させるということは，概念を拡張するということでもある。
　しかし，勝手きままに拡張を行うことができるわけではない。意味的な拡張が起こる背後には，必ずといってもよいぐらい「見なしの原理」が働いている。すると，そうした拡張を許す前置詞は，人間がある対象をどういうものとして捉えているかを示す言語的な「印（marker）」ということになる。そして，in が使用される限りにおいて，その目的語となる名詞の対象は見なしの原理にしたがって「容器的な何か」として把握されているということである。
　ひとつの語を経済的に用いようとすると，人は，相違点よりも類似点を強調し，その語を広く用いる。しかし，箱のような実在物と愛のような観念物のどこが類似しているかを問うても意味をなさない。そこで，「見なし」の原理が重要になる。これは，「AをBとみなす」ということであり，前置詞の場合，例えば「…の関係を in で表現するモノと見なす」というのが原則である。例えば fall in love（恋に落ちる）という表現では，love を in で表現するモノと見なす。すると，She fell in love with him, She is in love with him, She fell out of love with him のような表現が理解可能となる。

前置詞の多くは，in の例にみられるように図式の投射による多義展開を見せる（at と on については後ほど詳述する）。前置詞の多義展開のもうひとつの原理は図式焦点化である。

2.3. 豊かな認知操作が可能な over

ここでは，コア図式の焦点化による多義展開について具体的に示すため，over を事例として用いたい。なお，over の場合には，「図式の回転」という認知操作が加わるが，このことについても説明しておきたい。

結論から先にのべると，over のコア図式は次のように表すことができる。

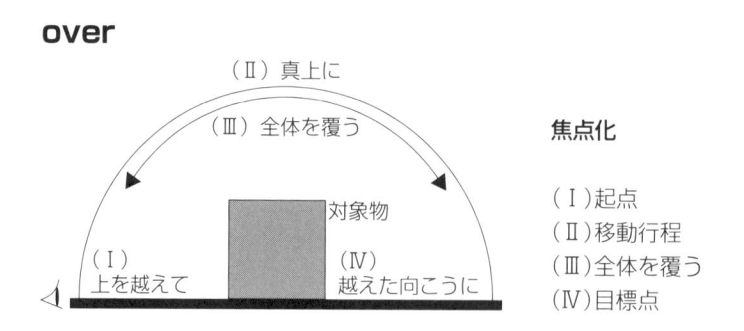

2.3.1. 図式の焦点化

上図では，焦点化の対象となる箇所が 4 つ示されている。それぞれを焦点化した用例は，以下の通りである。

（1）The cat jumped over the fence.〈（Ⅰ）を焦点化〉

（2）The plane is flying over the Pacific Ocean.〈（Ⅱ）を焦点化〉
（3）He put a cloth over the table.〈（Ⅲ）を焦点化〉
（4）There is a castle over the mountain.〈（Ⅳ）を焦点化〉

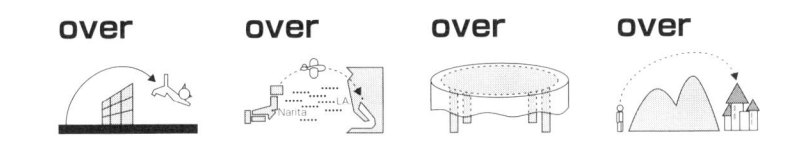

　上記の例の（2）は above と置き換えても問題はないように思えるかもしれないが，この用例では（Ⅱ）の部分が焦点化されており，他の部分は後景化されていると考える。例えば下の例のように成田空港からロサンゼルス空港までの飛行行程を明示すれば，起点と目標点も前景化されることになる。

（1）The plane is flying over the Pacific Ocean from Narita to Los Angeles.
（2）?The plane is flying above the Pacific Ocean from Narita to Los Angeles.

この状況で（2）のように above を用いると違和感がある。また，The plane flew over the clouds. と The plane flew above the clouds. では解釈の可能性に違いがある。

2.3.2.　図式の回転

　ちなみに，over には roll over や turn over に含意されている「repetitive（繰り返し）」の語義がある。上記のコア図式から直接的に〈繰り返し〉を類

推するのは容易ではないかもしれないが，しかし，そのコア図式を回転させてみると容易に説明ができる。

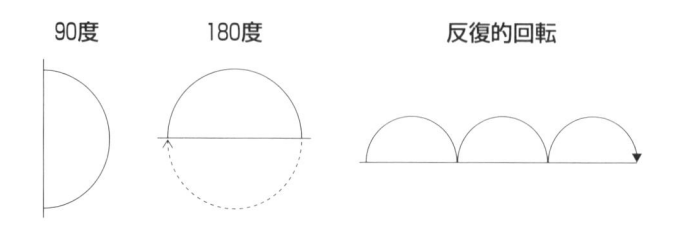

```
     90度        180度         反復的回転
```

　ここでは図式の回転が多義の発生に関与している。つまり，コア図式はイメージであり，そのイメージのある部分を強調（焦点化）したり，抽象的なことがらに投射したり，あるいは回転させたりすることで語の多義的な使い方が可能になるということである。「繰り返し」は over のコア図式の回転操作の産物である。He pulled the shade down over the window. のように，上下ではなく前後関係が含意される例においても，コア図式を回転させると，上下ではなく前後の関係が示される。しかし，前後の関係といっても over が使われる限りにおいて「窓を覆う」という部分が重要であり，ここに He pulled the shade down in front of the window. との違いがある。すなわち，in front of は「窓の前にブラインドがある」ことを問題にし，over は「ブラインドが窓を覆っている」ことを問題にする。ちなみに，ここでの窓の例は図式回転と図式焦点化（IVを焦点化）が同時に関与するケースである。

2.3.3. 図式の投射

　over の抽象的な用法を説明するには，図式投射という操作が重要となる。over の図式を人間関係に適用すれば，上にいる人が下の者を支配するという支配関係がうまれる。また，talk over the problem（その問題について話をする）の〈関連〉を表す over も同様のコア図式を投射することで，talk on the problem あるいは talk about the problem との違いを説明することができる。すなわち，同じ「…（という話題）に関して」でも，over だと文

字通り「…をめぐって」，on だと「…という話題に接して離れない」，そして about だと「…という話題とその周辺を含みつつ」という意味合いが出てくる。She's over 80.（彼女は80歳を越えている）では日本語訳に表現されているように，「80歳の壁を越える」といったイメージがそのまま読み取れよう。このように見ていくと，over のほとんどの用例がコア図式で説明可能なように思われる。

2.3.4. 図式の融合

over を伴う句動詞として，例えば，take over があり，以下のような，一見，関係のない用法がある。

「引継ぎ」の用法：The new teacher took over Mr. Wilson's class.（新任の先生がウィルソン先生のクラスを引き継いだ。）
「占拠」の用法：A big French company has taken over our firm.（フランスの大手の会社がわが社を乗っ取った。）

つまり，take over には「引き継ぐ」と「乗っ取る」あるいは「占拠する」といった異なった語義がある。しかし，ここでは，図式融合（schema blending）によって説明することができる。すなわち，「引き継ぐ」では over の図式の（Ⅰ）の部分が強調され，弧を描くように引継ぎの様子を描写する，一方，「乗っ取る」では over の図式の（Ⅲ）の部分が強調され，会社を取り込み，支配下に置くという意味合いを take over が描写しているのである。このように，一見，無関係な語義も，図式を通して，その関係を知ることができるのである（なお，この図式融合の応用については，後ほど，句動詞の項で再度取り上げることにする）。

これまで，前置詞の意味の特徴を示すため，理論に重きを置いた議論を行ってきたが，以下では，事例として at と on を取り上げ，それぞれの意味世界の在りようを明らかにしてみたい。

2.4. at の意味世界

at は「点」を表すという理解が一般的だが，幅広い at の用例においてなぜ at が使われているかを理解し，使い切れるような力を身につけるには《…のところに（で）》というのがそのコアであるということを理解することが大切である。

at のコアは端的に場所を表し，日本語にすれば「…のところに」となる。そして場所の概念が拡張され，状態，割合・程度，条件・理由，時間・順序などを表す際にも「…のところに（で）」という意味合いで用いられる。以下では at のコアと at, in, on の意味的差異を表す例を示す。

【at のコア】

《…のところに（で）》の意で場所を表す

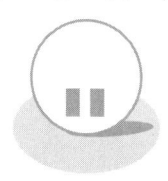

at the ocean　　on the ocean　　in the ocean

at の使用原理は，「空間や面を問題にしない単なる場所として認知処理しているときは at を使う」といった内容のものである。つまり，内部を強調する in あるいは表面への接触を強調する on 的処理をしたくないときは at 的処理をすればよい，ということになる。以下では at の使用に関し，いくつかのポイントにふれておきたい。

第一に，at は，the first kiss at the lake のように漠然とした場所（「…があるところ」）を表す一方で，hit at the ball のように点的な場所（的）も表す。焦点が鮮明な「的」と焦点が不鮮明な「…があるところ」とは一見矛盾するが，日本語の「ところ」でも，「ドアのところ」と言えば「ドアのあたり」，「ここのところをねらえ」と言えば「ここを的として」という意味になるように，それは焦点の絞り方の問題である。

at を「点」として理解していると，at a loss（途方にくれて），at fault（間

違っている），at pains（苦労している），at ease（楽にしている），at large（犯人などが捕まっていない）などの熟語表現の at がうまく説明できないが，「ところ」という概念を導入すると，それらの表現もすんなりと説明できる。例えば，at a loss の a loss は「喪失(感)」「損失」といった意味があり，at a loss はそういう状態のところにいるということである。そこで「途方にくれて」だけでなく「損をして」の意も at a loss にはある。

　第二に，in は「容器」をコア図式にするので，具体的な物があり，その内部を連想させやすいが，at は物ではなく場所を示す。この違いは次の表現の比較に表れる。

　　at school　　in the school
　　at home　　 in the house
　　at church　　in the church

同じ学校で in the school だと建物としての学校が問題になるのに対して，at school だと，活動の場としての学校が問題になる。同じことが at church と in the church の比較においてもいえる。同じ家でも建物としての家は a house，生活の場としての家は home と単語レベルで区別する。そして，そのまま at home と in the house の違いとして表れる。上の3つの例では at の後の名詞は無冠詞で使われているが，普通名詞でも at を用いれば at the party，at a wedding などのように「活動の場」という意味合いが強くなる。

　そして第三に，My brother threw his food at me.（兄貴がぼくに食べ物を投げつけた）の at は「めがけて」の意味だが，「ぼくのところに」から類推できる。ここでは「ぼくのところに投げつけた」のであって，「ぼくに当たった」ということは含意されない。

　A drowning man will catch at a straw.（溺れるものはわらをもつかむ）という成句があるが，これは溺れている人は藁のところでつかもうとするという意味合いであり，藁をつかむかどうかは分からない。もし，A drowning man will catch a straw. だと溺れる人はみんな藁をつかむことになってしまう。

She laughed at the comic. は，「彼女はその漫画を見て笑った」とふつう訳されるが，ここでも「彼女はその漫画のところで笑った」を根底にみることができる。He is good at baseball. (彼は野球が得意だ) も，いろいろなスポーツがあるが，「彼は野球のところで良い」という意味である。

　また熟語表現に At it again. というのがあり，「またやっていますね」くらいの意で，おきまりのことをやっている相手に言う言葉である。これは，it で表された「それ」が互いの了解内容となっている「例のこと」であり，そのところにまたいますね，ということから「またやっていますね」の意になる。

　整理すると，at は「点」を連想するが，それは場（所）として何かをとらえるはたらきをするため，「ところ」という日本語で理解しておくほうがよい。at を使用するときの目安は，「空間や接触を問題にせず，ただ〈ところ〉を問題にしているときは at を使う」という規則だ。「ところ」は物理的な場所だけでなく，抽象的な「ところ」へも横滑りし，その結果として at の使用範囲が拡張する。時間，割合・度合い，程度，状態などを「ところ」の延長としてとらえると，さまざまな熟語的表現がとらえやすくなるはずである。

2.5.　on の意味世界

　on の意味を「…の上に」と理解しているとその本質を捉え損なう。on のコアは《接触》であり，さまざまな用例を通して，on の表す「接触」の拡がりを理解させることが大切である。しかし，接触といっても面への接触もあれば，線的な接触もある。on の典型例は，The cat is on the sofa. のように，水平面への接触を表す。しかし，The fly is on the wall／the ceiling. のように，垂直面などへの接触も同時に表す。a tattoo on the shoulder（肩への入れ墨），the steam on the car window（車の窓のくもり），the shadow on the wall（壁の影）なども，「面への接触」ということで考えることができる。

　さて，on のコアは「接触」を表し，次のような図式で示すことができる。

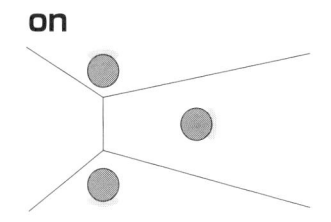

この on の接触というコア概念は，次のように意味的に展開する。

接触 ─┬─▶ 面 ──── 基盤・依存（のっかっている感じ）
      └─▶ 点 ──── 連続性

　まず，接触する先が面というよりもむしろ点的というほうがふさわしい場合がある。例えば a fish on the hook（釣り針にかかった魚），apples on the tree（木に実ったリンゴ），a dog on the leash（ひもにつながれた犬）などを考えてみるとよい。a fish on the hook では魚の状況を釣り針に接触したものとして表している。リンゴは木の枝から垂れ下がるようになっているのであって，リンゴの茎の部分と枝の関係もやはり接触としてとらえられる。

the man **on** the bench 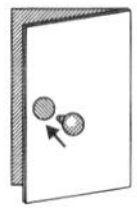　　the knob **on** the door 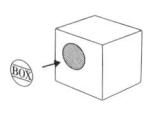　　the label **on** the box 　　a bump **on** his head

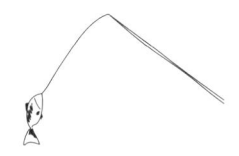

a fish **on** the hook 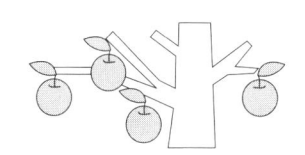　　apples **on** the tree

「面への接触」が意味展開することで「基盤・依存」といった意味が出てくる。水平関係においては，x on y の y は，x の「土台」としての役割を果たす。a bottle on the table（テーブルの瓶）といえば，the table が土台として a bottle を支えるという関係が成り立つ。そこから「依存」の意味が派生する。I can't fight on an empty stomach.（腹がへっては戦さはできぬ）という言い方があるが，on an empty stomach は文字通り「すきっ腹を基にして」という意味合いである。We live on potatoes.（われわれはポテトを常食にしている）となると，生存がポテトに依存する，ということになり，そのことから「常食とする」などの意味が派生する。count on（当てにする），rely on（頼りにする）などの表現も「基盤・依存」の on の応用である（なお，類似した表現に depend on があるが，これも「当てにする」という意から，この表現の on も「依存関係」を表すものと解釈されがちだが，depend on はむしろ「誰か（何か）にぶらさがる」といった感じである）。

「点的な接触」の場合は，「基盤・依存」というより「連続性」の意味になる。

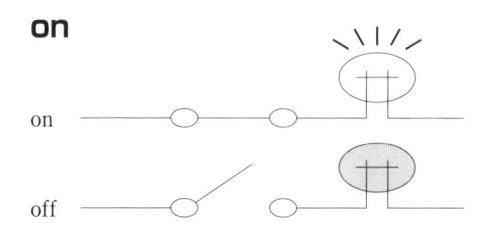

on

on

off

これは副詞表現だが，on and on（連続的に）と on and off（断続的に）の違いをとらえるには，連続性と不連続性を考えればよい。前置詞 on の「連続性」は，keep on（…し続ける），go on（…し続ける）などの表現にみられるばかりか，on duty（当番で），on guard（警戒中で），on the go（活動中で）などの表現の背後にも読みとることができる。

いずれにせよ，「接触が意図されれば on を使う」と考えておけばよい。接触の概念は，土台，依存関係，連続性などに展開するが，それらの語義の

背後には，xとyとの接触の図式を読みとることができる。なお，onの「接触」図式から「物理的に接触して」「比喩的に上にのって」「途切れることなく連続して」「日・時間を特定して」という意味タイプが生まれる。

以上，onのコア分析を念頭におくと，以下のような言語現象が，自然に説明できるようになる。

第一に，乗り物に乗り込むとき，バスは get on／in a bus，タクシーは get in a taxi というが，それはどうしてだろうか。それは，バスの中を「面」としてとらえることができるのに対して，タクシーの場合は「入れ物」のイメージが強いからだ。もちろん，バスを入れ物とみなせば，get in a bus と言うことができる。ちなみに，自転車に乗る場合は，get on a bike であって，get in a bike とは言えない。

第二に，talk on で話題を表すが，talk about との違いは，on がある特定の話題に接触して離れないということであるのに対して，about はその話題を中心にしつつもそれに関連した周辺的な内容にも言及するというものである。専門書などで，ある話題にきっちり焦点を当てている場合には on がよい。

第三に，私たちが，時間を意識するとき，それはふつう，点として意識するか，幅として意識するかのどちらかである。点としての時間は at，幅が感じられれば in を用いる。しかし，on Christmas Day のようにある特定の日を意識する場合は，《接する》というコアの on を使うことである日時を固定し，それによって特定化することができるのだろう。

第四に，on の「面への接触」は「基盤・依存」以外にも，「何かにのっかかって活動する」という時間の推移を含意する意味合いを引き出すことができる。そこから，次のような表現が作られる。

She's on a project.（彼女はプロジェクトにとりかかっている。）
It's better to say what's on your mind.（気にかかっていることは言うほうがよい。）
Everything is on schedule.（すべて予定通りに運んでいる。）

これらの表現には，単に行為の連続性を強調する I'm on duty. とはやや異なり，何かにのって時間が推移するという意味合いがある。on the air は「放送中，オンエア」の意だが，これも「空（気流）にのって」という意味合いである。in the air だと「空の中に（で）」という意味になる。

　第五に，a village on the border（国境にある村）や the sun on the horizon（地平線上の太陽）のような表現も「接触」の考え方から容易に理解できる。また，the man on the edge of the cliff と the man at the edge of the cliff はともに「がけっぷちにいる男」の意だが，前者のほうが崖にかろうじて接触している感じでその分だけ危なっかしさを感じさせる。

　第六に，the man on his back だと「仰向けになっている男」，stand on one's hands だと「逆立ちをする」，a table on four legs だと「4 本足のテーブル」の意になるが，これも「何かを土台にして」ということで共通している。

　そして第七に，on には動名詞や動作を表す名詞を伴って「…すると；…と同時に」という意味合いがある。

　On finishing this report, I'll rest.（この報告書を終えたら休むつもりだ。）
　On hearing the news of the birth of his first child, he jumped for joy.（彼は最初の子の誕生を聞いて飛び上がって喜んだ。）
　Let's start our dialogue on his return.（彼が帰ってきたらすぐに対話を開始しよう。）

　この on は物・事の連続的な関係を示すというはたらきがある。on -ing は as soon as S＋V に置き換えられるとされるが，as soon as ほど緊急性を含意する表現ではない。しかし，「接触」の on が使われているため，2 つの事柄の連続性が強調されるのは確かであり，形の上では「前置詞＋動名詞」となっているが，これはむしろ分詞構文の意味を明確にするために on がついている場合と考えることができるだろう。付帯状況の分詞構文に with をつけるのと同列である。

　On leaving the dangerous place, you come to a comfortable field.（その危険な場所を出れば，気持ちのいい草原にやってきます。）

With the sun shining bright, we should go for a swim.（すばらしく晴れているのだから，泳ぎに行こうよ。）

　本章での考え方は，２つの重要な応用領域を持つ。そのひとつは，感情表現と結びつく前置詞の選択，そしてもうひとつは，句動詞である。

2.6.　感情表現と前置詞
　前置詞の使い方で特にむずかしいのは「感情表現」と共起する前置詞の選択である。例えば，be pleased に続く前置詞としては，at, about, by, with の４つが可能であるし，be disappointed の場合は，at, about, by, over, with, in の６つが共起可能である。問題は，どういう状況でこれらの前置詞を選択するかである。最先端の言語学分野においてさえも，この問題については，未解決のままであるし，辞書や文法書など参考書にも，どの前置詞を選択するかについての原理は説明されていない。
　しかし，「形が違えば意味も違う」という原則からして，前置詞の選択によって意味合いが異なるということが予想される。そして，問題を解く鍵は，前置詞のコアにある。田中（1990，1997）の理論的枠組みを使って，感情表現と前置詞の関係を調査した真船（2005）を参考にしながら，at, about, by, with が感情表現に結びついた場合の意味機能を整理すると，以下の通りになる。

　at：　　コアは場の設定であり，瞬間的な感情との結び付きで用いる。
　about：コアは周辺を表すため，周辺的な出来事がある感情の原因になる場合に用いる。
　by：　　コアは近接性を表し，「寄って」さらに「拠って」と意味展開する。感情が何かによって引き起こされる場合に用いる。
　with：　コアは「…とともに」であり，一定時間持続する感情との結び付きで用いる。

このことを念頭に置きながら，以下の例文を見てみよう。

(1) John was pleased at the results of his experiment.
(2) Are you pleased about your job?
(3) Jane was pleased by his nice comment about her work.
(4) I'm pleased with the plan of going to Paris with her.

(1)の場合は，「実験の結果に喜んだ」ということであり，この場合，John was pleased は瞬間的な感情である。一方，(4)では，「彼女とパリに行くという計画で喜んでいる」という意味合いであり，この場合は持続的な喜びである。ここでの対比は，I'm angry at her. と I'm (being) angry with her. との違いに顕著に見ることができよう。怒りの気持ちが持続しているのは with のほうで，I'm being angry にすると with でなければおかしい。

(2)の Are you pleased about your job? は「仕事についていえば喜んでいるの？」という意味合いであり，「いろいろなことがあるだろうが」という前提がはたらいている。真船（2005）が取り上げている小説からの例に以下のものがある。

> My dearest Jonathan,
> I thought I had to write although I shall be seeing you soon, just to tell you that you really mustn't be jealous about Mike, because honestly I never think of him at all.
> （親愛なるジョナサンへ，すぐにあなたに会うんだけど，どうしても書いておきたいと思ったの。マイクのことについては嫉妬しないでほしいと。正直，わたしは彼のことを何とも思っていないんだから。）

be jealous は of との結び付きが強く，その場合，嫉妬心の直接的な出所を表すが，ここでは about を使うことで，「マイクとのいろいろなこと」について焼かないでほしいという旨を伝えている。

一方，(3)の be pleased by...では，「自分の作品についての彼の好意的なコメントに嬉しくなった」という意味合いであり，嬉しいという感情が何かによって引き起こされる場合に by を用いる。すると，by を選択する感情表現は，be surprised, be disappointed, be fascinated など過去分詞形で動作性が含意される場合に限られる，ということになる。すなわち，sad, mad, glad などの純粋な形容詞と by は共起しないということである。

　感情表現と前置詞との関係をより体系的に明らかにするには，以下のような，感情表現（述語）と前置詞との組み合わせを表として作成し，前置詞の選択の可能性をコーパスなどからの頻度情報と共に示すことが必要となる。ここでの数値は8000万語から構成されるコーパス（ERI）によるものである。原理的には共起の可能性がある前置詞でもコーパス内では検出されなかったという場合もあるが，感情表現と前置詞との共起関係に関して傾向性のようなものを以下の表から読み取ることができる。

	at	about	by	with	of
glad	＋(0)	＋(30)	—	—	＋(256)
sad	—	＋(42)	—	—	—
mad	＋(42)	＋(50)	—	＋(77)	—
angry	＋(154)	＋(102)	—	＋(387)	—
proud	—	—	—	—	＋(1239)
afraid	—	—	—	—	＋(1158)
anxious	—	＋(169)	—	—	—
jealous	＋(3)	＋(7)	—	—	＋(260)
surprised	＋(386)	＋(22)	＋(403)	—	
disappointed	＋(100)	＋(22)	＋(121)	＋(140)	—
pleased	＋(109)	＋(115)	＋(89)	＋(825)	—
satisfied	—	—	＋(130)	＋(644)	—
bored	—	—	＋(70)	＋(245)	—
annoyed	＋(68)	＋(37)	＋(61)	＋(78)	—
frightened	＋(28)	＋(27)	＋(126)	—	＋(0)
embarrassed	＋(59)	＋(60)	＋(173)	—	—

この表において網掛けの二箇所は，原理的には前置詞の共起が可能であるにもかかわらず，実際の使用例がコーパスに見出すことのできなかったケースである。四角で括った数値はそれぞれの感情表現述語と頻度上もっとも結びつきやすい前置詞である。

さて，ここでの結果から，以下のようないくつかのことを指摘することができる。

(1) of と共起する傾向の強いものとして，glad, proud, afraid, jealous がある。
(2) with と共起する傾向の強いものとして，mad, angry, disappointed, pleased, satisfied, bored, annoyed がある。
(3) at と共起する傾向の強いものとして，angry, surprised, disappointed, pleased, annoyed, embarrassed がある。
(4) about と共起する傾向の強いものとして，sad, mad, angry, anxious, pleased, embarrassed がある。
(5) by と共起する傾向の強いものとして，surprised, disappointed, pleased, satisfied, bored, annoyed, frightened, embarrassed がある。

感情表現の中でも sad と anxious は about のみが可能である。また，proud, afraid, それに jealous は of との結びつきが極めて強い。過去分詞形の形容詞の場合は総じて by と共起するが，glad, sad, mad などの純粋形容詞系は by との共起はない。怒り系の形容詞の代表である angry と mad は，ある場で瞬間的に発現する感情でもあるが，怒りの感情は概して持続性があるため with との相性がよい。過去分詞系の形容詞でも disappointed, pleased, satisfied, delighted, bored などは特に，持続性から with が好まれる。

ここで注目してみたいのは，例えば，be proud や be afraid では of のみが可となっているがそれはどうしてか，という問題である。これと関連して，be anxious の場合は of ではなく，about であるのはなぜか，という問題も出てくる。これまでこうした疑問に答えることはむずかしかったが，前置詞の

コア（機能）と感情表現の特徴を考慮すると，ある程度，理屈が分かってくる。

「誇り」や「恐れ」は何かから直接的に出てくる内的な感情であり，その出所性を表すのに of が適している。なぜなら of のコアは，下の図が示すように，《x of y において，x は y から出て，y に戻る》という出所性と帰属性を同時に表すところにその特徴があるからである。

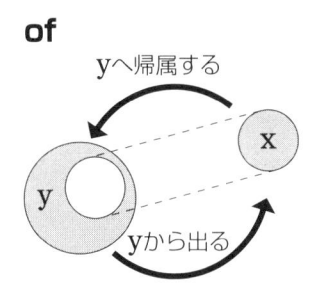

of

y へ帰属する
y から出る
x
y

「誇り」や「恐れ」の感情は何かに起因すると同時にその何かに帰属するものである。このことを of は表現する。一方，be anxious は about と共起するが，それは「心配」や「不安」という感情は漠然とした対象に対して抱くものであり，基本的には，「あれこれと思い悩む」という性質を有する。そこで，当然のこととして，具体的な対象を表す of ではなく，about との結びつきがよい。なぜなら about のコアが《周辺（あたり）》を表すからである。おそらく，sad（悲しい）という感情もあることに関連した要因によって引き起こされるため about との相性がよいものと思われる。

いずれにせよ，感情表現と前置詞の結びつきについても，やはり前置詞のコアを利用することで，ある程度まで原理的な説明が可能となる。be surprised at のような成句として丸暗記するのではなく，むしろ，at, about, by の選択の幅があることに気づかせることが大切である。また，選択の幅だけでなく，どの前置詞を選べば，どういう意味内容を表現することができるかについてもコアを通して理解することが可能となるのである。

2.7. 句動詞
2.7.1. 図式融合

over, around, in などの表現は，動詞の意味を拡張したり，鮮明にする機能を持つ。ここでは，それを「拡張子の機能」と呼ぼう。

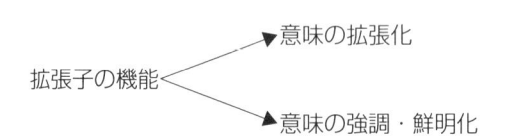

```
                    ┌─→ 意味の拡張化
   拡張子の機能 ←──┤
                    └─→ 意味の強調・鮮明化
```

take に on, over, back などの前置詞が結合することで，take の本来の意味を拡張したり，ある特定の意味を強調したりする。take だけでは「引き継ぐ」という意味はないが，take over とすることでその意味を獲得する。これは意味の拡張機能である。また，take には「…からとる」の意があるが，take away とすることでその意味を強調し「取り去る」の意にすることができる。これは，強調機能の例である。強調機能というのは，多義的でそれだけでは意味が不鮮明な動詞に拡張子を付けることで，ある部分を強調するということを意味する。cut は「切る」という意味だが，「切り込む」なのか「切り離す」なのかあいまい性がある。そこで，cut in, cut off と副詞を用いることで，意味を鮮明化することができる。

take back や take over のような表現は「句動詞（phrasal verbs）」と呼ばれ，動詞＋空間詞（副詞・前置詞）の形態をとる。句動詞を形成する代表的な空間詞には，次のようなものがある。コーパスデータに基づく分析から，頻繁に使われる空間詞を挙げてみると以下のようになる（括弧内は頻度数を表し，数字が大きいほど頻度が高い）。

1.〈out 2029〉→2.〈up 1754〉→3.〈back 740〉→4.〈on 724〉→5.〈down 706〉→6.〈away 539〉→7.〈in 482〉→8.〈off 431〉→9.〈over 362〉→10.〈about 179〉→11.〈round 138〉→12.〈through 90〉→13.〈around 86〉→14.〈along 71〉→15.〈by 52〉→16.〈behind 43〉→17.〈outside 48〉→18.〈inside 44〉→19.〈aside 38〉→20.〈across 34〉→21.〈past 20〉→22.〈forth 18〉

強力な拡張詞として，away, back, down, in, off, on, out, over, up の9つを挙げることができる。この内，一見したところ，いわゆる「前置詞」は in, off, on, over の4つであり，残りの5つは「副詞」である。素朴な分類としては前置詞か副詞に振り分けられるが，句動詞の働きをしっかり理解するためには，機能としての前置詞と副詞を区別しておく必要がある。

　例えば，get on the train と put off a shirt の get on と put off は同じ「動詞熟語」とみなされることがあるが，辞書などを見るときちんと区別されている。get on the train の on は前置詞だが，put off a shirt の off は副詞である。これはどういうことかといえば，下の分析を見ればはっきりする。

（1）○He［got］［on the train］.
（2）×He got the train on.
（3）○He［put off］［his shirt］.
（4）○He put his shirt off.

on the train は前置詞句で，「電車に」と訳すことができる。ところが，off his shirt は前置詞句ではない。「彼のシャツから離れた」と訳すことはできないからだ。

　しかし，前置詞か副詞かという区別がむずかしい場合もある。例えば，I stayed through all night.（私は徹夜した）を I stayed all night through. と表現することもできる。これは前置詞の後置化の例ともとれる。また，You should keep off the grass. の off は前置詞だが，You should keep off alcohol. の off は副詞であろう。

（1）You should keep［off the grass］
　　→×You should keep the grass off.
（2）You should［keep off］［alcohol］.
　　→○You should keep alcohol off.

　また，結合型か分離型かでニュアンスだけでなく，意味がガラリと変わる場合もある。例えば，I saw the project through. だと「課題を最後まで成し遂げた」の意だが，I saw through the project. だと「課題の正体を見抜い

た」といった意味になる（しかし，こうした劇的な意味の変化はむしろめずらしい）。

広義に句動詞として分類される表現は，形式的には以下のようなものが含まれる。

①動詞＋前置詞（句）：自動詞
　He［got］［into］the train.
②動詞＋副詞：他動詞
　He［held back］his anger.
　He held his anger back.
③動詞＋副詞：自動詞
　War broke out.
④動詞＋前置詞（句）：他動詞化
　He looked through the documents.
⑤動詞＋副詞：自動詞・他動詞
　自動詞
　He got in.
　他動詞
　He got her in.

しかし，本書で句動詞という場合，「動詞と副詞の結合形」（②③⑤）を指すことにする。

2.7.2. 句動詞の4つのタイプ

さて，意味論的な観点から句動詞を捉えると，「句動詞」と一言でいっても，意味的には4つのタイプがあることが分かる。

【句動詞の意味タイプ】
（1）副詞で表された状態に成る：come, go, run, turn, fall, etc.
（2）副詞で表された状態にさせる：bring, put, let, get, etc.
（3）副詞で表された状態を保持する：hold, keep, stay, remain, etc.
（4）動詞で表された行為を行い，副詞で表された状態になる（する）：

take, break, etc.

　この意味タイプから分かるように，例えば，come back, bring back, hold back, take back は句動詞という範疇に入れられるが，それぞれ違いがある。

（1）come back〈back の状態になる〉→戻ってくる
（2）bring back〈back の状態にする〉→戻す
（3）hold back〈back の状態を保持する〉→（感情などを）押さえる
（4）take back〈take して，back の状態にする〉→取り下げる

take back には，「借りていた本などを返す」という意味もあるが，まず，本を手にして（take），そして元のところに戻す（back）という手続きを踏む。bring back も「戻す」の意があるが，take back とは違い，bring して back するわけではない。He brought my memory back. だと，記憶を元のところ（back）に持って来た（brought），という意味である。come back は自動詞なので My memory came back. のように，記憶が戻った状態になる，という意である。hold back や keep back は〈前に出てこないように，下がっている状態を維持する〉という意になり，他の3つとは解釈方法が異なる。
　もうひとつ例をあげておこう。come down とか go down といえば，それぞれ「下がってくる」「下がっていく」の意である。ところが，bring down となると「下げる」となる。put down も「下の状態に置く」ということで，タイプ（2）の解釈を行う。hold down は〈低いところから高いところへ移動しないように押さえておく〉というニュアンスである。take down には「飲み込む」とか「書き留める」の意があるが，それぞれ「飲み物を口に取り込んで，胃に落とす」「情報を取り込み，紙に書き込む」というイメージを連想することができよう。
　Keep off the grass. という看板を見れば，「芝生から離れた状態を保て」ということから「芝生に入るな」という意味を読みとる。ところが，bite off

や break off だと，タイプ（4）の手続き的解釈をあてはめ，それぞれ「噛み，とる」「もぎ，とる」という訳が得られる。

　しかし，以上の4タイプはあくまでも基本形であって，他動詞と自動詞では解釈のしかたに違いが出てくるし，また，副詞の種類によって，副詞の働き方が異なってくる。このことに関して，hold の句動詞についてみてみよう。hold の句動詞には他動詞と自動詞の用法があり，それを以下のように表現することができる。

　　hold 句動詞の働き：ある状態に一時的におさえておく；ある状態を一時
　　　　　　　　　　的におさえておく

《あるものを一時的におさえておく》というのが hold のコアだが，それに up, off, out, on, back, over などの副詞をくっつけることで意味が広がる。ここで共通しているのは，「副詞で表す状態に（を）一時的におさえておく」ということである。例えば hold on だと「接触した状態(on)」を hold する，hold off だと「離れた(近づかない)状態(off)」に何かを hold する，といった具合に，である。他動詞の場合には「ある状態に（何かを）おさえておく」，自動詞の場合には「ある状態をおさえておく」となる。そこで，Don't hold back.（ためらうな）は自動詞で，「後ろにいる状態をおさえておく」となり，Don't hold back your anger.（怒りを抑えなくてよい）は他動詞で，「怒りを後ろにある状態に一時的におさえておく」ということになる。hold out の場合，他動詞だと「何かを外に差し出した状態におさえておく（手を差し出す；希望・可能性を与える）」，自動詞だと「外に差し出した状態をそのままおさえておく（持ちこたえる）」となる。

　このように他動詞と自動詞では動詞と副詞の関係のありかたが異なる。次に，他動詞と自動詞とで意味が大きく異なる場合をみてみよう。give in には「提出する」という他動詞と，「すなおに従う」という自動詞の用法がある。両者の違いは，以下のように説明することができる。

　　give in──〔他〕何かを自分のところから出して相手の中に入れる→提出
　　　　　　　する
　　　　　　〔自〕自分から出て相手のところに入る→降伏する，いいなり

になる

例. The paper must be given in at 11：00.（報告書は11時までに提出するように。）
There is no approaching her. She isn't the type that gives in easily.（彼女に接近しようとしてもむださ。彼女は容易に従うようなタイプの子じゃない。）

　同じ，hold の句動詞でも，動詞と副詞の組み合わせによって，解釈の違いが生じることがある。例えば，hold over だと，以下のようになる。
　hold over ──〔他〕そのままおさえて越える→人を留任させる；持ち越す；延期する

例. We decided to hold her over in the same position.（彼女に同じ職務で残ってもらうことに決定した。）

　これは over が移動（経路）を基本的に表すためで，「ある状態に（を）hold する」のではなく，「何かを hold してそのまま over する」という解釈になる。そこで「持ち越し」という意味が生まれるのである。hold up だと「持ち上げた状態におさえておく」となるのと対比的である。同様のことが turn over にも見られる。turn が「（まわって）向きを変える」という意味があり，over にも移動性が関係するため，この２つはイメージの上で重なり，「弧を描くように向きを変える（向きが変わる）」という解釈となる。そこから，「ひっくり返す」「引き渡す」あるいは自動詞として「ひっくり返る」の語義が生まれる。一方，turn up だと「向きを変えて，上の状態になる（する）」という解釈であり，ここでも動詞と副詞の組み合わせで解釈のしかたに違いが出てくる。
　「run＋副詞」表現には，「ある状態のほうに途切れなく動く（動かす）」と「途切れなく動いてある状態になる（する）」の２つの解釈がある。この２つ

を同時に持つのが例えば run down である。まず run down の「下のほうに途切れなく動く（動かす）」というイメージから「走り下りる」「さっと目を通す」などの意味が出てくる。一方では，「途切れなく動いて down の状態になる（する）」という解釈があり，そこから「（電池などが切れて）機械が止まる」だとか「追跡して捕らえる」という意味が出てくるわけである。This heat is really running me down. は「暑さが私を動かしてダウンさせる」ということである。

しかし，いずれにせよ，句動詞の意味は恣意的な約束事によって決まっているのではなく，動詞と副詞のコア図式の融合（schema blending）という原理にしたがっている，ということをおさえておくことが，その指導においても重要である。

さて，本章では，認知意味論の研究スタンスを採用し，前置詞の新しい学び方と指導のしかたについて，具体的な事例とともに示した。前置詞は空間関係を表すのがその基本的な役割である。そして，多くの前置詞のコアは図式として表現することが可能で，図式の認知的な操作（投射と焦点化）を通して，多様な意味が生まれるというのがここでの論点である。

もっとも，by, with, of など図式として描くことがむずかしいものもあるが，その場合は，表現としてコアを記述していくことになる。例えば，by であれば《近接関係を表す》というコアがあり，近接しているということから「寄って」そして「（手段などに）拠って」という意味の展開が想定できる。すると「近接して」というコアから「空間的に近接して」「時間的に近接して」「手段などに拠って」といった意味展開を考えることができる。同様に，of には《x of y において x は y から出て，y に戻る》というコアがあり，with には《…とともにある》というコアがある。with の場合，そのコアから「伴って」と「手にして」が意味展開する。

ここで示した前置詞の意味の捉え方の応用先としては，「感情表現と前置詞の結びつき」と「句動詞」という大きな領域がある。

2.8. 指導法アラカルト
（1）図式焦点化を利用した指導
【方法】
　基本動詞の場合にも焦点化がその意味を理解する上で重要な認知操作であることを示したが，前置詞の場合にも同じことが当てはまる。ここでは，「図式焦点化」への気づき（awareness-raising）そしてその応用（networking, automatization）を重視する指導法のことを「図式焦点化を利用した指導法」と呼ぶことができる。

　over のようなひとつの前置詞の多義の構造を生徒に理解させるためにこの指導法を用いるのもよいが，より効果を挙げるには，networking も考慮し，以下のような一般化を図るというやり方がよい。ここでは，経路を表す前置詞（across, along, through, over）を取り上げ，それぞれの前置詞が焦点化という観点で見た場合，共通の意味構造を持っているということに気づかせる，という狙いがある。

	経路	状態	視点内在
across	across	across	across
along	along	along	along
through	through	through	through
over	over	over	over

【指導のポイント】
　前置詞のコアを理解するだけでなく，図式のある部分を焦点化することによって意味が展開すること，そして，上記のような経路を表す前置詞の場合には，共通性が見られることを示す。上図に，around を加えることができる。run around the corner（角を走って曲がる），a line around the corner（角の周りに引かれた線），a shop around the corner（角を曲がったところにある店）という表現が可能だからである。このような一般化された表を提示するだけで，これらの前置詞の特徴を理解し，そして使い切るための自信を高めるのに役立つだろう。

（2）前置詞の意味展開を理解するための図式投射を利用した指導
【方法】
　図式投射学習法の具体例は，前章で run を取り上げて説明したが，at を使い切るための学習法としても有効である。ここでは，具体的な図式というよりは「場（ところ）」というコア概念を手がかりにしながら，at の用法の展開を体系的に示すことが狙いとなる。
【at コア図式】

【意味展開】
　　　　　　　　場所化
場（ところ）→　　|状態，割合・程度，条件・理由，時間・順序|

　まず，場所が典型的な用法であり，状態，割合・程度など抽象的な用法が場所化によって説明できることを示す。

【場所】

I'll wait at the ticket gate.（改札口で待っています。（←改札のところで））

He threw a punch at me but I ducked.（彼はぼくにパンチをしてきたけど，うまくかわした。（←ぼくのところにパンチをしてきた））

She was so mad at me.（彼女は私に対してとても怒っていた。（←彼女が怒っていたのは私のところでであった））

She is good［poor/bad］at mathematics.（彼女は数学が得意［下手］だ。（←数学のところでよい［わるい］））

【状態】

Flowers are at their best.（花は真っ盛りだ。（←花は最高の状態のところにある））

He is still at work.（彼はまだ働いている。（←彼はまだ仕事をしているところにいる））

【割合・程度】

He maintained at 80 kilometers an hour.（彼は時速80キロで走った。（←（速度を）80キロのところで維持した））

I fell in love with her at first sight.（私は彼女に一目ぼれした。（←初めて見たところで））

【条件・理由】

I'll get even with her at any price.（どんな犠牲を払っても彼女に仕返ししてやる。（←どんな価格のところでも））

He ran away at the sight of a dog.（彼は犬を見て逃げ出した。（←犬が見えたところで））

【時間・順序】

Can you meet me at 3 : 30?（3時半に会えますか？（←3時半のところで））

My brother left home at the age of 18.（ぼくの兄は18歳で家を出た。（←18歳のところで））

【指導のポイント】
　ここでは at にいろいろな意味があるのではなく，場所（ところ）を表す at が状態，割合，条件，時間などへと展開することを示す。

（3）句動詞の学び方：図式融合を利用した指導
【方法】
　動詞と空間詞の結合で句動詞が作られるとすると，意味の作られ方を理解する方法として動詞と空間詞の図式の融合（blending）によって句動詞の意味は作られるという考え方が可能となる。それは，横軸に動詞を，縦軸に空間詞を並べ，マトリックスを作成し，動詞を中心にした句動詞，空間詞を中心にした句動詞の意味の変化を確認するというやり方である。

	hold	keep	give	take	get	go	put	…
away	−	＋	＋	＋	＋	＋	＋	
back	＋	＋	＋	＋	＋	＋	＋	
down	＋	＋	−	＋	＋	＋		
in	＋	＋	＋	＋	＋	＋	＋	
off	＋	＋	＋	＋	＋	＋	＋	
…								

注：マイナス（−）記号は当該の組み合せは英語の慣用ではないことを表す。

【指導のポイント】
　例えば back を軸に考えるなら，hold back, keep back, give back, get back, go back などの意味の共通点を見出す。すると，back がもつ働きが共通項として理解できるはずである。結合型か分離型かで意味合いが異なったり，アクセントが意味を決めたりする場合があるが，大雑把には，本書で説明したとおり，4つの型を見出すことができる。この指導法の強みは，動詞を一定にして空間詞を調整する方法と，空間詞を一定にして動詞を調整す

る方法があるということである。例えば，off を軸にして，go off, come off, hold off の3つを見てみると，以下のようになる。

【go off】
　go off は何かが OFF の状態になるということ。go が離れる動きを示すため，対象が人なら「立ち去る」，音なら「鳴る」，爆弾なら「爆発する」，電気なら「消える」，食べ物なら「悪くなる」の意になる。The negotiation went off well. といえば，well があるため「うまくいく」の意になる。

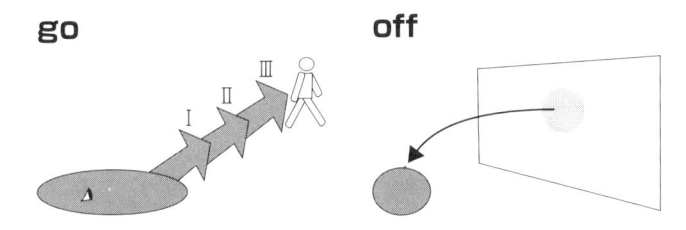

　The alarm went off one hour earlier this morning.（今朝，目覚ましが1時間早く鳴った。(→目覚ましの音が時計から離れる様子を想像するとよい))
　Don't touch the bomb—it might go off.（爆弾に触るな。爆発するぞ。(→ここでは爆弾なので飛び散る様子を想像するとよい))

【come off】
　come off は何かが OFF の状態になるということだが，離れる方向よりやってくる方に視点がある。服のシミなら「落ちる」，壁のポスターなら「はがれる」，行事なら「行われる」の意になる。come off well だと「うまくいく」の意だが，go off well と比べ，期待通りになったという意味合いがさらに強い。

come **off**

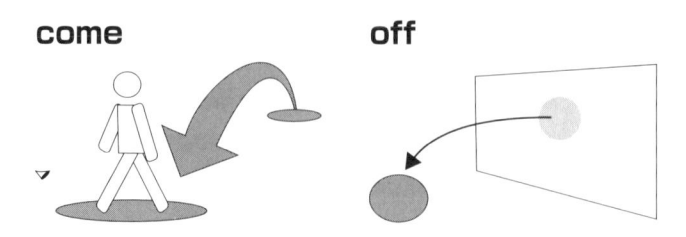

I hope this coffee stain will come off.（このコーヒーのシミ落ちるといいんだけど。(→シミが衣服から離れてくるということから「シミが落ちる」))

Tom's speech came off pretty well.（トムのスピーチはとてもうまくいった。(→スピーチが口から離れてくる様子を聴衆の立場から表現))

【hold off】

　hold off は他動詞の場合,「何かから離れた状態をおさえておく」ということ。hold off the enemy (hold the enemy off) だと「寄せ付けないようにしておく」, the meeting だと会議を「延ばす」の意になる。自動詞で Will the rain hold off during our outdoor party? といえば,「雨が降らないでいる」という意になる。これは「off の状態を hold している」ということ。

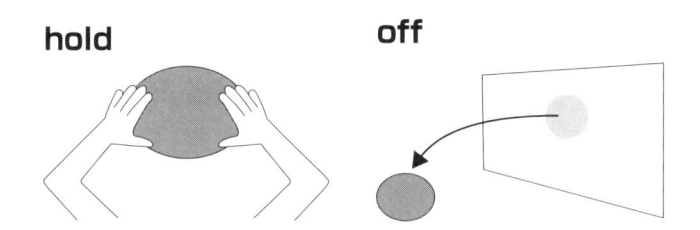

hold **off**

We'll have to hold off the meeting until Ron gets back.（ロンが戻るまで, 会議を延期しないと。(→会議の開催をしばらく外しておくということから「延期する」))

They were so outnumbered, they couldn't hold off the enemy.（敵は数のうえでずっと勝っていたので, 彼らは防ぐことができなかった。(→敵を見方の陣地から離しておくことができないという感じ))

(4) 句動詞エクササイズ

ねらい：句動詞は日常会話では非常によく使用される。そこで, 何気ない対話の中で句動詞を使えるように指導しておく。

TASK：イラストを参考にしながら, 対話を完成させなさい。その場合, TOOLBOX の中から適切な動詞と副詞の組み合わせを選び, 使用しなさい。

TOOLBOX

動詞	副詞
give	out
come	in
bring	on
put	up
throw	along
break	
go	

(1) 陸上競技の成績が話題になっている。

Partner : Did he do well in the 100-meter dash?
You : He [came in] third.

(2)いっぱい写真を撮りたい。

Partner : Take a lot of pictures, OK?
You : Don't worry. I'm [bringing along] lots of film.

(3)男女が出かけようとしている。

Partner : Are you ready?
You : Wait a minute. I have to [put on] my coat.

(4)牛乳が古くなっている。

Partner : Why did you throw the milk away?
You : Because it was [giving off] a strange smell.

(5)部屋の掃除の手伝いを頼まれて。

Partner : Will you help me clean the room?
You : No. I'm [going out].

(6) 新聞を読みたいと言われて。
Partner : Where's the newspaper?
You : Sorry, I [threw] it [out].

(7) あるカップルに話題が及んで。
Partner : What happened to Mary and Ken?
You : They're [breaking up].

第3章 新しい教育英文法

3.1. はじめに

　会話をするのに文法は要らないという人がいる。たしかに「不定詞」「関係代名詞」「分詞構文」などの文法用語を知っていても，会話の役には立たないかもしれない。だが，文法のない言語は存在しない。言葉を話す人であれば，だれでもその言語の文法を身に付けているのである。問題は「文法」の中身である。「文法」というコトバを文字通り読めば「文の法（規則）」となり，文を構成する際の規則が文法ということになる。その通りである。
　しかし，文を構成するということは，意味を構成するということでもある。意味あっての形式なのだ。すなわち，認知的スタンスは「言語は人々の認識の仕方を反映している」というものであり，文法も説明可能であるという主張を行うものであった。そこで，文法について考える際にも，意味的動機づけが重要で，「意味編成のしかた」という視点に注目する必要がある。そしてこの視点からは，文法現象の説明において，「形が違えば意味も違う」と「形は意味を反映している」いう相互に関連したポイントが出て来る。
　以下では，意味編成のしかたということを念頭に置きながら，「教育英文法（pedagogical English grammar）」を構成するいくつかの主要な項目について認知論的な説明を行ってみたい。

　（1）make の適用範囲とレキシカル・グラマーの可能性
　（2）give の意味と構文的可能性（二重目的語構文）
　（3）have の意味と関連構文（所有・存在・経験・使役・受益・被害・現在完了）
　（4）be のはたらき（同定・存在・記述・進行形・受動態）
　（5）-ing 関連項目（進行形・分詞構文・動名詞・現在分詞の形容詞的用

法）
（6）to 不定詞と動名詞
（7）WH 関連項目：疑問詞か関係詞か？
（8）冠詞の機能（a[n] の使用原理，the の使用原理，固有名詞と the，集合名詞）
（9）法助動詞（can, may, must, will, should, ought to と should の違い）
（10）受動態
（11）仮定法（仮定法過去と仮定法過去完了，仮定法未来）
（12）代名詞（it）と指示詞（this, that）

　英語教育における英文法の善し悪しを判断する基準として，teachability（教えることが可能であること），learnablity（学ぶことが可能であること），そして usability（使うことが可能であること）の3つが考えられる。これまでの学校文法は，教師の側からすれば teachable なものであったが，learnable であったかどうかについては文法でつまずく生徒が少なくなかったということから疑問が残るし，実践的に使うことができるかどうかという usability についてはさらに大きな疑問があるように思われる。
　新しく発想される教育英文法は，teachable で，learnable で，usable であることが求められる。そのためには，従来の学校文法を再編成する必要が出てくるが，その全体構想を描くことは本書の範囲を越えている。そこで，本章では，新しい教育英文法を構想する際に重要な観点のひとつとなる「レキシカル・グラマー（lexical grammar）」というスタンスから，英文法の主要な項目のいくつかについて解説を加えていきたい。レキシカル・グラマーの視点は，ここで挙げた3条件を満たす可能性を秘めているというのが，われわれの見解である。

3.2. make の適用範囲とレキシカル・グラマーの可能性

　教育英文法は，できるだけ専門用語を排しながら，納得のいく説明を行うことができるものでなければならない。まず，ここで注目したいのは，「レキシカル・グラマー（lexical grammar）」の可能性である。ここでいうレキシカル・グラマーは，語彙項目に文法的情報が含まれているという前提を立て，語彙の意味（コア）から文法的な現象を説明しようとするものである。もっと正確にいえば，構文と語彙的意味の相互関係としてとらえることができる文法現象を扱うのがレキシカル・グラマーである。

　事例としてまず make の用法を考えてみよう。make のコアは，《素材に手を加えて産物をつくる》ということであり，〈姿・形を変えて〉という部分と〈産物への焦点〉の２つが重要な語彙の意味内容である。すると，make が構成する図式には「作り手」「素材」「産物」の３項が含まれることになる。

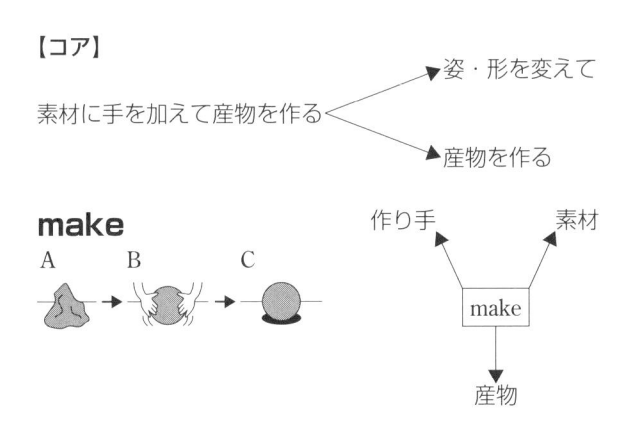

【コア】

素材に手を加えて産物を作る → 姿・形を変えて
　　　　　　　　　　　　　 → 産物を作る

make
A　B　C

作り手　　素材
　　↘　 ↙
　　make
　　　↓
　　 産物

　さて，これらの３つの要素をすべて含む make の構文として以下のものを比較してみよう。

　A. John made wine out of grapes.　　産物：wine　素材：grapes
　B. John made grapes into wine.　　　作り手：John

この2つの文は事実上，同じ内容を述べている。すなわち，作り手のジョンが素材としてのぶどうを使って産物であるワインを作った，という内容である。しかし，この2文の構文は異なる。前者は，John [made [wine]] [out of grapes]. であって，out of grapes の部分はなくても文は成立する。すなわち，make の直接的な作用域は wine ということになる。これは make の使用上の特徴であり，産物に関する情報を示すということが make の他動詞的な用法の条件である。その場合，素材から産物への変化は前提条件とみなされる。しかし，構文 A では，out of grapes という表現で素材から産物への変化が示されている。

一方，構文 B の John made grapes into wine. では [made [grapes]] と分析したのでは意味をなさない。つまり，grapes は make の直接的な作用対象ではない。そこで，分析上は，むしろ，John [made [grapes into wine]]. とすべきであり，ぶどうをワインにしていく過程そのものが make の作用域ということになる。

類似した構文として，以下のものがある。

A. John wiped his face on the towel.
　　　[wiped [his face] [on the towel]]
B. John wiped the towel across his face.
　　　[wiped [the towel across his face]]

ここでは，いずれの場合も，ジョンがタオルで顔を拭いたという解釈をすることが可能である。しかし，A では his face は wipe の直接対象であるが，B においては wipe the towel という言い方は意味を成さないことから，wipe は the towel across his face の across his face までを作用の範囲に含むことになる。

ここでは2点が示されている。第一に，動詞の作用域はモノに限定されるのではなく，コトにも及ぶという点，そして第二に，動詞の意味はそれが使用されている構文に影響を受けるという点である。さらに，われわれのレキシカル・グラマーでは，語の意味（コア）がその語の構文的可能性を説明す

るという立場をとる。動詞のコアが想定されて初めて説明される事例として，make の自動詞用法を考えてみるとよい。make には Ice is making on the pond.（池に氷がはっている）という言い方がある。これは make のコアから説明される。すなわち，make のコアを構成する「産物」の部分は，自動詞であるという理由により，自動的に考慮から排除される。すると，「姿・形を変えて」の部分が重要になってくるが，ここでの用例では，池に氷が徐々にはってきている様子を make が描写しているのである。

　また，make には使役用法がある。John made Mary write a letter of apology.（ジョンはメアリに謝罪文を書かせた）がその例である。これを John had Mary write a letter of apology. と比べるとどういう違いがあるであろうか。この違いを説明するのが，make と have の語彙的な意味内容（コア）なのである。ここでは詳述は省略するが，have では，後述するように，「ある事態を確保する」という結果に力点をおいた使役性が，make では「事態の変化とその結果の確保」という 2 つの側面が強調される。また，事態の変化が make における「強制力」とも関連してくる。

3.3. give の意味と構文的可能性

　動詞の意味と構文的可能性の関係を理解するのに最適な事例が give である。ここでは，give の意味と構文の関係について，「コアと作用域」の観点から見ていくことにする。ここでの議論は，いわゆる「二重目的語構文」と呼ばれる文法現象一般に当てはまるものであるが，我々の見解では，まさに「二重目的語構文」という表現が問題である。

　give の意味を問われれば「与える」と答えるだろう。そして，give には 2 つの構文が可能であること，さらに，二重目的語構文からは 2 つの受動態文を作ることができる，ということを指摘するだろう。

　A. John gave Mary a book.
　　→Mary was given a book by John.
　　→A book was given to Mary by John.（まれに to を省略可）
　B. John gave a book to Mary.

しかし，give の意味内容（コア）を「与える」として記述してしまうと，たちどころに問題が出てくる。まず，The experiment gave good results. や Mary gave a sudden cough. といった言い方が説明できなくなる。また，give の句動詞としては，give off, give out, give up, give in などがあるが，「与える」からは説明することができない。

　「与える」という動詞は，「人が誰かに何かを与える」という図式で用い，受け手が意識されると同時に，その場合の何かは譲渡可能なものでなければならない。さらに，Mary gave her coat to the hotel clerk. といえば，常識的に「手渡した」という意味合いになるが，このことも説明しづらい。

　そこで，give のコアは何かといえば，HAVE 空間を前提にして，「その空間から何かを外に出す」であり，図式的に以下のように示すことができる。

give

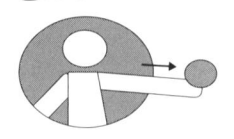

構文的な可能性としては，以下の3通りがあり，それぞれの意味特性がある。

 A. give A
  意味特性：cause A to GO（out of the subject's HAVE space）
 B. give A to B
  意味特性：cause A to GO to B
 C. give B A
  意味特性：cause the event [B HAVE A] to happen（by the act of giving）

give A は HAVE 空間から何かを出すということであり，以下のような用例がある。

 (1) John gave a cough.
  give a bark [a belch, a chuckle, a cry, a gasp, a moan, a sneeze, a yawn, etc.]
 (2) John gave a description of his new theory.
 (3) The experiment gave a good result.
 (4) Mary gave a nice speech.
 (5) The sun gives light.
 (6) The cow gives milk.

これは，何かを自分のところから出すことに力点が置かれる表現であって，受け手は必要ない。このことが見事に現れているのが It's more blessed to give than to receive.（もらうよりあげるほうが幸いかな）だとか A withdrawn person doesn't know how to give.（引っ込み思案の人は自分の表現のしかたを知らない）などである。

 また，give off [out, away, up, over, back, in] などの句動詞では，空間詞としての副詞が何かの出し方あるいは出て行く様子を表す。give up だと何かをポーンと上に投げる感じだし，give away だと気前よく何かを出す

感じ，そして，give in は「自分のところから出したなにかを相手のところに入れる」ということから「提出する（他動詞）」と「自ら出て相手のところに入る」ということから「譲歩する（自動詞）」という，一見まったく無関係の意が出てくる。

次に，give A to B の意味構造は，cause A to GO to B であり，ここでは2つのことが示されている。その1つは，受け手が示されること，そしてもう1つは，GO があるため，A は移動可能，譲渡可能なものに限られるという制約である。そこで，a book や a car のように移動可能物だけでなく，attention とか regard のように心理的に移動性を感得することができるものは，この構文で表現される。

さて，もう1つの give B A では B を間接目的語，A を直接目的語と呼ぶことがあるが，give John a book の配列で give John だとまったく意味を成さない。つまり，John を give するわけではない。むしろ，John HAVE a book ということがここでの構文において含意される。そこで，give B A は give A to B とは構文として質的に違うものであるということをおさえておく必要がある。つまり，give A to B は give B A に置き換えることができる，というのは正しくない。

give B A は cause the event 'B HAVE A' to happen と意味解析する。cause a thing to go（物が出て行く）から cause an event to happen（出来事が起こる）への移行は，論理的に容易に理解することができる。ここで注目したいのは，cause the event 'B HAVE A' to happen という解釈には，A が移動可能物であるという制約は働いていないということである。そこで，この構文は以下のような多様な表現を可能にする。

（1）Richard Nixon gave Norman Mailer a book.
（2）John gave Mary a headache.
（3）Mary gave the door a kick.
（4）The captain gave Nakata a kick at the goal.
（5）The rust gave the car a look of distinction.

（6）Working too hard gave John a heart attack.

（1）の Richard Nixon gave Norman Mailer a book. には 3 通りの解釈が可能である。

①ニクソンはメイラーに本をやった。
②ニクソンはメイラーに本を手渡した。
③ニクソンのおかげでメイラーは本を書くことができた。

Nixon gave a book to Mailer. だと最初の 2 つの解釈は可能であるが，三番目の解釈はできない。give B A 構文では，［Mailer HAVE a book］が示されているだけであり，Nixon はそういう事態を引き起こした張本人として語られている。HAVE の意味のあいまい性によって，三番目の解釈が可能となるのである。

同様に，（4）の The captain gave Nakata a kick at the goal. でも，「主将が中田をゴールのところで蹴った」と「主将が中田にシュートをさせた」という異なった解釈が可能となるが，それは，この文章が［Nakata HAVE a kick at the goal］が示されているだけであり，具体的な解釈は文脈にゆだねられているからである。

（6）の Working too hard gave John a heart attack. になると，John had a heart attack because of hard work. という意味合いであることが明白である。

以上のように, give B A では HAVE を補って意味解釈を行うが, John gave Bill to understand that he was wrong. といった表現もある。これは, John gave ［Bill（to）understand that he was wrong］ということで，小さな節が give の作用域となっている。一方, John gave Bill the understanding that he was wrong. と表現することも可能で，ここでは，［Bill HAVE the understanding …］ということである。

3.4. have の意味と関連構文

> have 関連項目：所有，存在，経験，使役，受益，被害，現在完了

　have を「持つ」と理解しているだけではだめだということは分かっていても，なかなか「have＝持つ」から脱却できない。使役や現在完了の have まで含めて，その本質を理解する方法はあるのだろうか。

　英語は「もの」だけでなく「頭痛」「兄弟」「出来事」「行為」など，とにかく何でも have する言語である。have とくれば「持つ」が連想されるが，have は「所有関係」に加え，「存在関係」「習慣的動作」「使役」の意を表し，さらには，現在完了形をつくる際にも使用される。さらに，行為名詞と共起し，have a look だとか have a walk のような用法もあるし，「…させる」の意の使役だけでなく，「…される」という被害を蒙るという意味合いだとか，逆に「…してもらう」という受益の意味合いでも使用可能である。

　以上示したような多様な用法を統一的に説明するには，have のコア図式をしっかりとおさえ，そこから意味的可能性と構文的可能性を探るという方向性が必要となる。結論から先にいえば，have のコア図式は以下に示すとおりである。

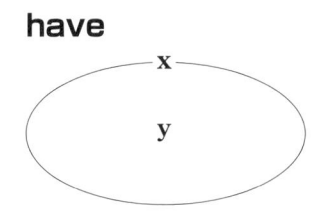

have

$$\overset{x}{\underset{y}{\bigcirc}}$$

　ここでは y が入っている空間を HAVE 空間と呼ぶ。HAVE 空間は x にとっては縄張りのようなものである。つまり，x が自由にできる領域ということであり，x の支配下にある場ということもできる。すなわち，《x が y を HAVE 空間に有する》というのが have のコアである。

　HAVE 空間は，典型的には所有空間と考えておいてよいが，それは経験空

間へと拡張する。何かを持っているということは何かを経験しているということであり，特にある行為や活動の場合 have は経験空間として捉えるほうが自然な場合がある。そして，所有的解釈と経験的解釈の2つが可能なところに，HAVE 空間の特徴があり，この特徴によって have の用法に統一的に整合的な説明を加えることができる。

以下の例はすべて所有的解釈が可能である。

（1）We have apples.
（2）He has a big nose.
（3）We have a problem.

しかし，We have apples. という単純な文でも，りんごを手にしているという解釈は可能なもののうちの1つであって，冷蔵庫にあるりんごを指してもよいし，りんごを朝食に食べるという事態を連想しての発話でもかまわない。いずれにせよ，HAVE 空間内にりんごを有するということがこの文では示されているのである。He has a big nose. の例では，個人の属性を示しているが，これも広義には所有であることには違いない。We have a problem. のように触ることのできるものでなくても have の対象となる。

次に例えば The shoes have mud on them. は the shoes が意志を持たないこと，そして「靴には泥がついている」と訳されることから存在関係を表す have と見なされるが，これも Mary has long legs. の類で，広義の所有関係が見られる。日本語にすれば「靴に泥がついている」「メアリーは長い足をしている」となることから存在関係を表す have といわれるわけである。

ある行為や活動が目的語になる場合，HAVE 空間は x にとっての経験空間になる。have a party や have a bath などではそれぞれ「パーティーをする」「風呂に入る」と訳されるように，あることを経験するぐらいの意味合いである。I had a good time. は経験的な読みの典型例であるといえる。

さて，have の構文的可能性としては，「使役」「被害」「受益」を表すことができるということを指摘しておかなければならない。

（1）I'll have John bring his girlfriend to our party.（使役）
（2）He had his hair cut.（受益）
（3）She had her wallet stolen.（被害）

「使役」の意味は所有空間の拡張であり，「受益」と「被害」の意味は経験空間の拡張である。すなわち，I'll have John bring his girlfriend to our party. では，[John bring his girlfriend to our party] ということを HAVE 空間に有するという主張であり，この have は「（主語が）ある事態をちゃんと確保する」という意味合いがあり，相手に働きかけてそうした事態を確保するということから「～させる」という使役を表す。それは，主語が「これこれしかじかのことを have する」ということから，結果を先取りした表現であるということになる。ちなみに，have to do で「…しなければならない」という意味合いを表し，be to do（…することになっている）に比べれば，道義的に何かをしなければならないという意味合いが強い。この have も所有空間であり，主語が自ら to do の内容（するべきこと）を have している，ということから，それをしなければならないという道義的な責務の意味合いが生まれるのである。be to do の場合は（後述するように）「何かをするべき状態に置かれている」ことを表すのに対して have は「自ら所有している」という違いがある。

一方，「…してもらう」と「…される」はともに経験空間的な読みを必要とする。いずれにせよ，何かを経験したのであり，その経験に益があるのか害があるのかによって文脈的な解釈は異なる。

問題は，現在完了形の have であるが，結論をいえば，これは経験空間の HAVE である。そこで，現在完了では，行為の終了というよりもむしろ，「行為の終了した状態」へと意味がシフトする。それは，ある完了した行為を経験空間としての HAVE 空間で処理しているからにほかならない。用法的には完了だけでなく，「経験」「（状態の）継続」「結果」の意味が have ＋過去分詞の形で表現可能である。例えば I have talked to my boss. は I HAVE [talked to my boss] と分析することができる。すると，[talked to my boss］をHAVEするという関係が生まれる。このtalkedは過去分詞と呼ばれ，完了した事柄を描写するという点においては過去形と同じだが，過去分詞形だけでは時制の調整ができないため事態を完成させることができない。そこでhaveが持ち出されるわけである。例えばhave talked（to my boss）は1つのまとまり（チャンク）としての動詞表現だが，あえて分析的に示せばこれは［talked to my boss］という事柄をHAVE空間で捉えているということを示している。このhaveは〈現在性〉と〈状態性〉との2つを強調するはたらきを持つ。つまり，〈ボスと話をした〉ということの現在への関連性を示しつつ，同時に〈そうした状態にいまある〉ということを含意する，ということである。そこで，I have talked to my boss. から「私は上司と話をしたところだ」「私は上司とは既に話をしている」「私は上司と話をしたことがある」などの解釈が出てくる。勿論，I have talked to my boss for three days. のように期間を表す表現と共起すれば，〈現在までずっと話し続けている〉という継続的な意味合いが強調されることになる。

継続用法の中でもわかりやすいものとして，「雨が3日間降っている」を考えてみよう。It has been raining for three days. となるが，これは，It is ［was］raining for three days. が動作の進行を描写するのに対して，むしろ「3日間降り続いている状態に今ある」という状態の継続である。

このように，現在完了のhaveはあくまで〈現在との関連性〉と〈状態〉の2つを表すだけで，これはhaveの《xがyをHAVE空間に有する》というコアから引き出されると考えることができる。have＋過去分詞のhaveは現在形であり，すでに行なわれたことが経験としてあるということから（動作というより）状態が強調されるのである。

以下は米国でのタバコの表示の例であるが，タバコが有害であるということに関する衛生局長官の結論が現在も有効であるということが現在完了形で示されている。

> WARNING : The surgeon general has determined that cigarette smoking is dangerous to your health.
> （警告：タバコは健康に有害であるという結論に衛生局長官は達した。）

いずれにせよ，過去のコトを過去のコトとして処理せず，現在もなお関連性が強いことを示すのが現在完了である。

「継続」用法は過去形とは根本的に異なる。以下の行方不明者を探す広告では，過去完了形と現在完了形の継続用法が対比的に使われている。

Brown, Chris — age 19, 5'8", and 140 lbs with brown hair and eyes. She had been living in Oakland, CA and working in San Francisco. She has been missing since June 23, 1997.
（クリス・ブラウン。19歳。5フィート8インチ。140ポンド。髪の毛と目は茶色。カリフォルニア州のオークランドに居住しており，サンフランシスコで働いていた。彼女は1997年6月23日より失踪中。）

失踪する過去のある時点までオークランドに住み，サンフランシスコで働いていたという事実が過去完了形で，そして失踪時から現在に至るまでが現在完了形で表されている。She was missing. としたのでは，「かつて失踪していたという事実があった」という意になり，現在との関わりは断ち切られることになる。

「have＋過去分詞」において意味的にはっきりしているのは過去分詞のほうである。そこで，この have は助動詞と言われることになる。しかし，助動詞といっても「法助動詞」とはだいぶはたらきが異なる。例えば I can talk to my boss. の can は法助動詞の1つだが，ここでは「上司と話すことができるかどうか」が問題なのであって，I talk to my boss. ということに対して can／cannot の判断を話者が下している。ところが，I have talked to my boss. の場合，I talked to my boss. に対して have を加えているわけではない。have talked to my boss と比較すべきは talked to my boss（過去形）あるいは talk to my boss（現在形）である。

以上のことから，have は助動詞と呼ばれるものの，本動詞的な助動詞であることが分かる。さらにこれは重要なことだが，HAVE 空間内で処理するということの結果として，have がすでに起こったことを経験として扱う働きがあるため〈行為の直接性〉が弱まるということである。このことを端的に表しているのが，次のような例である。

I cut myself（shaving).［髭剃りをしていて剃刀で顎のところを切ってしまった瞬間に叫ぶコトバ］／I did it.［例えばボクシング試合で挑戦者が強いチャンピオンをノックアウトした瞬間に叫ぶコトバ］

　これらの表現が使われる状況は，直接的なインパクトが強調される状況である。行為の瞬間を表すには過去形のまま，あるいは過去分詞のままの表現がぴったりくる（I did it! の代わりに I done it! も可能）。怪我をした瞬間は過去形の cut が向いているが，数時間後，友人と会って，顎の傷を指摘されれば（過去形で表現してもいいが）I've cut myself shaving. と現在完了形で言う可能性も高まる。怪我の跡が残っている限り，現在との関連性の内に捉えることが可能であり，しかも，〈経験〉として表現するのに現在完了がぴったりだからにほかならない。

　ちなみに，just now を現在完了形とともに用いる場合がある。これは通常は，現在形および過去形と共起する副詞である。意味的には，just now は "right now" と "a moment ago" の２つがある。典型的には，I'm reading a book just now. で right now の意味である。一方，過去形と共起すれば，I read a book just now. となり a moment ago の意味になる。さて，ここで注目すべきは John has come in just now. と表現することができるということである。しかし，John came in just now. と John has come in just now. は同じ意味だろうか。意味の差は微妙で，「来た」という事実問題としては，同じことに言及している。しかし，表現上，John came in just now. は「ジョンがいましがた来た」という事実を述べているのに対して，John has come in just now. では「ジョンがいましがた来て，今いる」ということに力点が移る。そこで，just now は a moment ago から right now へと意味シフトをする。だからこそ just now を現在完了形とともに用いることができるのである。

3.5. be のはたらき

be 関連項目：同定，存在，記述，進行形，受動態

be はその名詞形が being であるように「存在」の意味がそのコア（本質的な意味）である。英語では，be は以下のような使われ方をする。

The sky is blue.（状態の記述）／John is just a kid.（同定化）／God is.（存在）／There is snow on the roof.（存在）／John is running.（進行形）／John was sent to Thailand.（受動態）

この BE の意味的はたらきを図式的に表せば，以下のようになる。

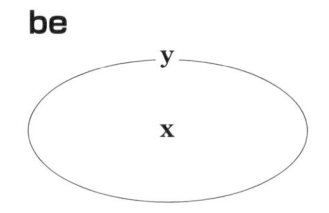

be

（図：y の中に x が内包されている楕円）

ちょうど have の図式と関係が逆になっている。have では x は y を支配下に置くのに対して，be では x が「やどかり」のような存在として y の中に内包されている。そこで受動態では何かが置かれた状態を表す be がぴったりなわけである。

ここでは x の y に対する主体的な関与はまったく感じられない。y の値が何であるかで，x と y との意味関係は変化するがそれがどう変化しようと，上のような図式が背後にあると考えるとよい。

The sky is blue. だと〈空が青いという属性状態に位置づけられる〉ことで「空が（は）青い」となる。John is just a kid. では，John が a kid として y に位置づけられる。ここでいう y は，KID の集合あるいは KID 範疇である。つまり〈ジョンは子どもの範疇の成員の一人としてある〉ということから「ジョンは（ただの）子どもだ」となる。集合の成員であるという解釈は

不定冠詞の a によって動機づけられる。これが，John is the leader of the group. だと The leader of the group is John. のように xy の関係を逆転しても，類似した意味内容を伝えることができるように，やや事情が異なる。これは，y の値が the leader of the group に示されているように特定化された対象だからにほかならない。がしかし，John が the leader of the group に位置づけられるという事情は同じである。

　God is. だと y 項が埋められていない。だが，存在しているということそのものを端的に描写するには，存在場所である y を示す必要はない。勿論，God is in the Heaven. だとか God is in your heart. などと存在場所を指定することも可能である。ちなみに，Let it be. も同様の解釈が可能である。let は《あることを阻止しない，あるがままにしておく》という動詞である。すると，〈it で表された何かがどこにあろうと，それを阻止しない〉という解釈から「成り行きにまかせよ」といった意味が発生する。x と y の be 関係でこれを表すと次のようになる。

　　　　x　　　　**y**
　　　　God　　is　　ϕ
　　Let [it　　be　　ϕ]

There is snow on the roof. は「何かがどこかにある」ということを示す典型的な表現である。there は「そこ」という意味合いで，Something is there. から There is something. となるが，there is 文では，There is something in the room. のように存在場所を明示化する必要がある。

　John is running. についても，BE 図式を生かして解釈すれば，〈ジョンは走っているという進行状態にある〉となり，y 項の値が running となる。歴史的に見ても，元々，John is at running. だったものが，副詞化され John is a-running. となり，a- も落ち，John is running. という形式が一般的に使われるようになったといわれる。Bob Dylan の有名な詩に "Times, they're a-changing."（時代は変わっている）があるが，ここでも a-changing になって

いる。いずれにせよ，John is running. は〈ジョンは現在走っている連続的な状態にある〉ということである。

　受動態の John was sent to Thailand. の意味も，〈ジョンはタイに派遣されたという状態に置かれ(てい)た〉ということであり，y 項の値は sent to Thailand である。この sent は過去分詞と呼ばれ，意味性質上，動詞的要素と形容詞的要素の両方を備えている。つまり，過去分詞によって表現される完了した状態に John が BE の作用を受けて位置づけられ，「ジョンはタイに派遣された」となる。受動態構文でも，x が y の状態に位置づけられるという BE 図式が作用するが，動作性が強く感得されるかどうかは，x 項の値，動詞の意味タイプ，時制などによって異なる。

　Sorry, we're closed.（もう閉店しました。［この場合形容詞］）
　The door was closed.（ドアは閉まっていた。）
　The door will be broken easily.（そのドアは簡単に壊されるだろう。）

　いずれにせよ，be の基本は John is home. のような「場所に在る」で，John is happy. だと「(幸せな)状態に在る」となる。さらに，John is running. は「連続的な状態に在る」，John was beaten by Bill. だと「完結した状態に在る」ということである。

3.6. -ing のはたらき

-ing 関連項目：進行形，分詞構文，動名詞，現在分詞の形容詞的用法

-ing は，動詞の接尾辞であり，to のような語ではない。だが英語では，この-ing を手掛かりにする文法項目は，「進行形」「分詞構文」「動名詞」「現在分詞の形容詞的用法」の4つある。

-ing：観察可能な動作進行

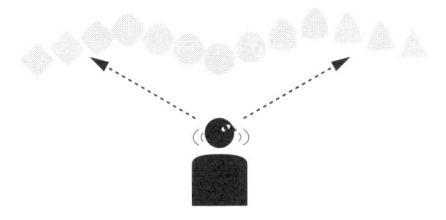

現在進行形：He is running in the rain.
分詞構文：Running in the rain, he met an old friend of his.
動名詞：Running every day is good exercise.
現在分詞の形容詞的用法：The man running in the rain is a promising linguist.

まず，進行形の-ing はどういう意味（事態）を編成するだろうか。一言でいえば，上のイラストで示した通り，-ing は「観察可能な動作進行」を表す際のしるしである。しかし，まず注意すべきは，-ing がいわゆる BE 動詞とともに進行形で使用される場合と，分詞構文で使用される場合との違いである。BE 動詞は時制を示すため，観察可能な（外から見える）連続的動作の進行を描写する機能をもち，He is running in the rain. は現在進行形の例である（過去進行形や未来進行形は，その応用で，連続的動作の進行を回想しているものが過去進行形，それを展望しているものが未来進行形である。）

いずれにせよ，-ing の機能の基本は進行形である。それは，現実世界に根

差した表現であり，時空間内で生起している事態を描写するからである。-ing の意味特徴を整理すると次のようになる。

-ing→観察可能性→連続的動作の進行性（未完結性）→一時性（いま・ここ）

つまり，進行形が描写する事態は観察可能であり，それは連続動作が進行している未完結な状態を表す。

3.6.1. 現在進行形

　単純現在形と現在進行形との違いは「（外からみた）動き，変化があるかどうか」である。John breaks the computer. から構成される事態には動きはないが，John is breaking the computer. になると「ジョンはコンピュータを壊しているという未完結な状態に現在ある」ということから，明らかに動作を観察することができる。単純現在形がスナップショット的だとすると，現在進行形はビデオムービー的である。つまり，-ing には「観察可能で，未完結で一時的である」という特徴がある。動作が観察可能であるということは，表現に具体性を加える効果がある。そこで映画のスクリプトの背景描写などに用いられる。

> Ext. ROBINSON house — Day. BEN is standing behind a tree watching the ROBINSON house. In the driveway of the ROBINSON house, ELAINE is getting into the ROBINSON car. Mr. ROBINSON is putting Elaine's luggage into the car.
> （ロビンソンの家の外で—昼間。ベンはロビンソンの家をのぞきながら木の後ろに立っている。ロビンソン家に通じる私設車道で，エレインがロビンソンの車に乗り込んでいる。ロビンソン氏がエレインのカバンを車に載せている）【映画 *The Graduate*】

　そして，未完結な連続的動作が観察できるということは，その動作が一時的（いま・ここで起こっていること）であるということを含意する。このことは同時に，リアルな情景を連想させるということでもある。この表現技法を buy や live や enjoy のように，通常は進行形にならない動詞に応用するこ

とで，感情（例．いらだち）の表出効果，一時性や過程の描写効果がうまれる。

You're always buying her something.（いつも彼女に何か買っているくせに。）
I'm living in Paris right now.（今はパリに住んでいる。）
I'm enjoying the mountain.（山を一時的に楽しんでいる。）

また，現在進行形が未来の事柄を表すことがある。I'm leaving. といえば「ここを離れるつもりだ」ぐらいの意味であるが，これは「実際に離れている」というリアルな情景を先取りした表現である。以下の4表現を比べてみよう。

I'm leaving now.（今，離れようとしている。）
I'm about to leave.（今，まさに離れようとしている。）
I'm going to leave.（離れることになっている。）
I will leave.（離れるつもりである。）

次に，単独では時制を示す要素がない -ing は「分詞構文」を作る際にも使用される。

Running in the rain, I bumped into John.
Seeing the policeman, the thief ran away.
The train will start at 9:00, reaching Okayama at 12:20.

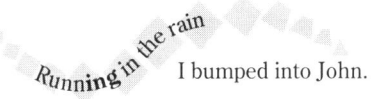

Running in the rain　I bumped into John.

Seeing the policeman　the thief ran away.

これらはすべて時間的には中立で，ただ連続的な動作の進行を描写している

だけである。だから分詞構文の内容は，主節の内容と連続的な関係になる。先の図ではうねった文字列が連続的な情景を表す。When I was running in the rain, I bumped into John. だとその連続性が一旦絶たれることと比較したい。Running in the rain だと，「雨の中を走っている」という連続的動作が情景として描かれ，そこに I bumped into John. が組み込まれることになる。分詞構文の解釈の仕方として「時」「理由」「結果」「条件」「付帯状況」などがあるが，どれを選ぶかは文脈によって常識的に決まるのであって，分詞構文それ自体にそうした意味が含まれているわけではない。接続関係の意味を明示したければ，以下のように接続詞を用いる。

When listening to music, I often close my eyes and imagine I'm somewhere else.（音楽を聴くときは，たいてい目を閉じて自分がどこか別のところにいるように想像する。）

While shopping at the supermarket, I ran into my old friend, Dave.（スーパーで買い物をしていたら，昔の友達のデイブにばったり会った。）

Though talking intelligently, it seemed as though he was not quite sure of himself.（話し振りは聡明だったが，彼は自分自身はっきりとはわかっていないようだった。）

He held his peace, though itching for a fight.（彼はけんかがしたくてむずむずしていたが，おさえていた。）

すると，英語では，以下のように3通りの表現比較が可能となる。

While I was shopping at the supermarket, I ran into my old friend, Dave.
While shopping at the supermarket, I ran into my old friend, Dave.
Shopping at the supermarket, I ran into my old friend, Dave.

これらはそれぞれの持ち味があるが，while shopping だと，分詞構文の曖昧さが失われ，意味関係の明瞭化を図ることができ，同時に分詞構文の持ち味である同時性のようなものが保存される。

意味関係についていえば，例えば Seeing the policeman だけだと「警察官

を見ている」という状態が描写されたにすぎず，その後にthe thief ran away. だと「警察官を見たので，こそ泥は逃げた」（あるいは「警察官を見ると，こそ泥は逃げた」）と解釈されるのである。Running in the rain, I bumped into John. だと，常識的に「雨の中を走っていたので」と理由として解釈することは不自然である。だが，それはあくまでも常識的に不自然だというだけのことであり，「雨の中を走ること」と「ジョンに出くわすこと」との間に因果関係が認められれば，「理由」としての解釈もありうる。

さらに，-ing は，Running every day is good exercise. のように「動名詞」としても使用される。動名詞になると，例えば He's running. で表現されている連続的動作を抽象化してしまうため，実際に進行している動作とは無関係になる。これは，日本語にすれば「走ること」となるが，まさに名詞概念として動作を抽象化したのが動名詞である。

会話で「会えてうれしい」を（It is）nice to meet you. というが，これは初対面での表現である。相手と向き合った瞬間を nice で表している。一方，別れ際であれば，（It was）nice meeting you. が一般的である。この meeting you の身分は曖昧だが，it が meeting you を指すと解釈すれば「meeting you（あなたに会ったということ）が nice なことだった」ということで動名詞と見なすことができる。meeting you を分詞構文と見なして，「あなたに会っている」という情景を想定して，それは nice なことだった，という解釈も可能である。

もう1つの「現在分詞の形容詞的用法」は，現在進行形と分詞構文の両特徴を併せ持っている。形容詞としてのはたらきをすることから名詞に係るため，意味的には現在進行形と同じ解釈が行われる。だが，時間的には中立で連続的動作のみを描写するという点においては，分詞構文と共通している。上記の例の The man running in the rain is a promising linguist. では，running in the rain は時間的には中立であるが，意味的には進行形と同様に「雨の中を走っている」となり――つまり分詞構文とは違い「時」「理由」「条件」などは表さない――，それがいつのことなのかについては，ここでは is によって与えられる。したがって The man running in the rain was a promising linguist. だと「雨の中を走っていた男は有望な言語学者だった」となる。

ただし，現在分詞の形容詞的用法には次のような動詞も-ing 形式で使用される。

The books belonging to the library have to be read without underlining.
Women loving cats are generally trustworthy.

belong to とか love は，進行形として使用されることはまずない。These books are belonging to the library. といえば強い違和感を誘発させる。勿論，love や live のように本来的に継続の意味合いを含む動詞は-ing で継続性を表示する必要はないが，I'm loving him gradually. だとか I'm temporarily living in Tokyo. のように特殊な意味合いを強調したければ -ing も不可ではない。次の広告文も同様である。

McDonald's
I'M LOVING IT.

だが，belong to はそうはいかない。I'm belonging to the tennis club. は端的に不自然である。類語に possess や own がある。これらは-ing で表現することも可能である。それは possess と own の場合，一時的な短い期間所有するという意味合いがあるためで，belong の場合は，文字通り，be＋long で一時性は排除される。

以上のことから，現在分詞の形容詞的用法は意味的な動機づけだけで説明するのはむずかしく，文法的な動機づけによって-ing 形式になる場合があるということを指摘しておかなければならないかもしれない。しかし，一般的に言えば，-ing は時空間内の未完結な連続的動きを表す（現在）進行形を基本として，そこから時間を中立化しつつ未完結な連続的動作を表し，2つの節の論理関係を仄めかす分詞構文と，連続的動作を名詞化によって「あるコト」として取り扱う動名詞とが派生する，と考えておくとよい。そして，分詞構文の時間性は主節の時制によって与えられる。

[コラム] 単純現在

　進行相と完了相に比べ，単純相のはたらきは説明しにくいことが多いが，一言でいえば「スナップショット的な描写」を行うところに単純相の特徴がある。ここでは，単純現在形に限定して見ていくことにしよう。単純現在形に共通しているのは「外から見た動作・変化がない」という点である。スナップショット写真を見ても，動作や変化は読み取ることはできない。整理しておくと，スナップショット的な単純現在形は以下のような状況でその機能を発揮する。

（1）写真の説明書き
（2）習慣化されたことがらの記述
（3）一般化されたことがらの記述
（4）映画のスクリプトのト書き
（5）スポーツ実況中継

　スナップショット的な認識法は，当然のこととして，写真の説明書きに用いられる傾向が強い。写真は割愛するが，以下は，ある写真の説明文である。

（1）Visiting geologist explores for uranium.（訪問中の地質学者，ウランを探る。）
（2）Haven for immigrants : Vietnamese women celebrate Buddha's Birthday.（移民の安息所：ベトナムの女性たち，釈迦の生誕を祝う。）
（3）Japanese-speaking waitress pours tea for a tourist.（日本語を話すウエトレス，旅行者にお茶を注ぐ。）

　写真の説明書きに単純現在形以外の形が使われないというわけではないが，統計的には単純現在形が多く見られる。スナップショットには「具体的な動き・変化が現れない」という特徴がある。He shaves every morning.（彼は毎朝ヒゲをそる）とか，I usually eat at eight.（ふつう8時に食べる）のように「習慣化したことがら」を描写するには，動きを前面に出すことがな

く，単純相が使われる。また，同じ理屈で，The sun rises in the east.（太陽は東に昇る）や The man dies.（人は死ぬ）のような「一般的な真理」の記述にも，動きや変化を捨象した単純現在形が使われる。太陽が東に昇るという具体的動作の繰り返しを確認することで，その事象が「習慣」とか「一般的真理」として把握されるようになる。

スナップショット的ということは「ああして，こうして，そして…する」というお決まりの手順を写真を一枚一枚ならべるように表す状況（典型的には映画のスクリプトのト書きやスポーツの実況中継）に単純現在形が向いていることを意味する。映画のト書きの例を見てみよう。

(1) Charles turns off the light as he leaves the room. But Raymond turns on his penlight in the dark and keeps reading the telephone book. （チャールズは部屋を出るとき電気を切る。だが，レイモンドはペンライトを暗がりの中でつけ，電話帳を読み続ける。）

(2) She turns, opens the door, and is gone. Charles stares at the door for a moment. His eyes move to Raymond. He is on the bed … （彼女は向きを変え，ドアを開け，去る。チャールズは少しの間ドアの方を見る。彼の目はゆっくりレイモンドに移る。彼はベッドにいる…）〔(1)(2)ともに【映画】*Rain Man* の Screenplay より〕

同じようにスポーツの実況中継でも単純現在形がよく使われる。以下は，野球の実況中継からのものである。

Here comes the strike two pitch to Yount. He hits it on the ground to Bannister at second. He gets it on the big hop. Allen throws to first and Yount is out. （バッターはヤウント。ストライクツーからの投球です。打ちました。二塁バニスターへのゴロ。大きなバウンドをアレンとって一塁へ。ヤウントはアウト。）
（ERI スポーツ・コーパス［野球］より）

ト書きだとかスポーツの実況中継の単純現在形は，ある動作に入ろうとする瞬間を表したり，お決まりの手順をちょうど写真を並べるように表現するものである。

3.7. to 不定詞と動名詞

> to 関連項目：前置詞，不定詞，have to／be to〜

3.7.1. to 不定詞と動名詞

　ここではいわゆる「準動詞」として分類される to 不定詞と動名詞の 2 つについてもう少し詳しくみていきたい。まず to 不定詞だが，to とくれば前置詞の to がすぐ思いつく。He went to the park. の to がそれである。to のコアは，以下の図のように相対する関係にある。

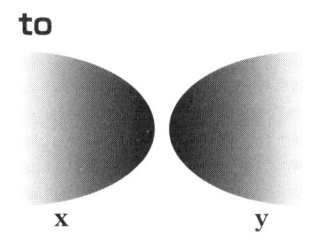

to

x　　　y

　これは，110 yen to the U. S. dollar（US ドルに対して110円）だとか，face to face（面と向かって）などに典型的に見られる関係である。移動動詞と一緒に使われると，go to the place と同様に come to the place があるように，いわゆる「方向」を示すのではなく，あくまで目標点と相対する地点を指す。これは，I went to school at 8 : 30.（私は 8 時30分に学校に行った）が学校に到着する時間が 8 時30分であって，家を出るのが 8 時30分というわけではない，ということを考慮しても理解することができる。

　さて，不定詞の to も同形であることから分かるように，両者は類縁関係にある。前置詞 to が典型的に「向いて」の意を表すように，不定詞 to も基本的には「これから先のこと（未来の出来事）」を含意する。例えば I want to visit Jakarta again.（またジャカルタを訪問したい）の to visit Jakarta again は，want が「願望」を示すことから未来の出来事であることが了解される。

I want→)   to
         (visit Jakarta again　　（→は未来指向を表す）

　plan to, wish to, be scheduled to なども同様である。many books to read の to read は many books に係っているため形容詞的用法として分類されるが, to read は〈これから読む〉という意を表す。また I go to Bangkok to study Thai.（タイ語を学ぶためにバンコックに行く）のように「～するために」の意を伝える副詞的用法の to にしても未来指向的である。「目的」とはこれから何かをする際の意図と同義である。

　ただ, 結果に焦点が置かれる I'm happy to see you here. では, to see you here の部分は I'm happy ということの「原因」を表す。つまり,〈ここであなたに向き合ったということ（to see you here）に対して I'm happy と述べている〉のである。x と y の相対図式において, to see you が y にあたるが,「ここであなたにお目にかかるとは」という「向き合う」という図式の応用である。

I'm happy)   to
          (see you

　to 不定詞が日常に使われる事例として,（米国で）子どもが眠りにつく際に捧げるお祈りの言葉がある。

　Now I lay me down to sleep,（これから寝ます）
　I pray the Lord my soul to keep;（神様どうかわたしの魂をお守りください）
　And if I die before I wake,（もし目がさめる前に死ぬことがあれば）
　I pray the Lord my soul to take.（神様どうか私の魂を受け止めてください。）

　ここでは「お祈り」という性質上, 内容は未来指向的であり, to 不定詞が使われている。また, ハムレットの言葉として知られる To be or not to be — that is the question.（在るべきか在らぬべきか, それが問題だ）にも不定詞が使われているが, これもこれから先どうすべきかを問う内容であることか

ら to がピッタリである。

　さて次に動名詞だが，形としては「動詞＋-ing」で表現される。前述したように，-ing は，現在分詞として使われると，基本的には「観察可能な動作進行」を表す際の「しるし (marker)」である。前述したとおり，その典型は，He is running in the rain. のような現在進行形に見られる。動名詞になると，実際に進行中の観察可能な動作が表現されているのではない。例えば Running every day is good exercise. の running は，観察可能な動作（行為）を捨象して「走るコト」という概念を表す。He's running. だと実際に走っていることになるが，running every day だと「毎日走るコト」の意で実際に走っているかどうかは不明である。具体的動作を概念化したのが動名詞である。

　これは，不定詞の名詞的用法といういい方にもかかわらず，to do が「予定された動作」を表し動詞的要素が強いのに対して，動名詞の doing は完全に現実の動作からは捨象され，概念として，つまり，名詞としての身分を得ているということを含意する。

　　不定詞の名詞的用法 ――＞動詞的
　　動名詞 ―――――――＞名詞的

　だから，「考え」とか「アイディア」を表現するには動名詞が良く，Can you imagine working under her?, Would you consider working for me? のように，imagine や consider が将来のことを問題にする動詞であるにもかかわらず doing を目的語にするのは，imagine はアイディアとして何かを想像することだし，consider も可能性としての考えを考慮してみるという意味合いがあるからである。

　To see is to believe. だと「見てごらん，信じることになるから」という手続き的な意味合いが，Seeing is believing. だと「見ること，すなわち信じること」といった意味合いになり，ここでも，動詞的か名詞的かの違いがある。

動名詞を名詞概念として特徴づけると，現在分詞と動名詞の違いがはっきりしてくる。現在分詞は，現実の状況（過程・動作など）に言及する表現であるのに対して，動名詞は，概念を表す。これまでは，start doing, finish doing は，典型的な動名詞とみなされてきたが，何かの開始，継続，終了は，現実のプロセスに言及していることからむしろ現在分詞と見なすべきであろう。

```
                                              ⟶
| start doing      keep doing       finish doing |
                   be doing
```

一方，I enjoy playing golf.（ゴルフをするのは楽しい）の playing は動名詞だが，これは，現実のプレイに言及しているのではなく，「（ゴルフという）ゲーム」というのに近い。

もちろん，動名詞が概念化した行為であるといっても，具体的に思い描くことのできる動作進行を反映しているところに動名詞の持ち味がある。これは，未来指向的な to 不定詞とは違うところである。具体例として，以下のやりとりを見てみよう。

Bob : Cherry, What are you doing? Just because we got a little drunk we have to …?（チェリー，何やってんだよ。少しぐらい酔ったからといって何も …）

Cherry : A little? You call reeling and passing out in the streets 'a little'?（「少し」ですって？道路でよろめき気絶するようなことを「少し」っていうの？）（【映画】*The Outsiders*）

Cherry の reeling and passing out in the streets は，実際に観察可能な進行状態について描写したものではなく，Bob のやったこと――頭の中にあること――を話題として取り上げたものである。

3.7.2. 目的語は to 不定詞か動名詞か

以上の議論から，to 不定詞は「ある行為に向かう」というコアイメージをもっており，このイメージと相性のよい動詞が to do を目的語にするということになる。一言で言えば，前向きの願望あるいは意思を表すものが多い。

行為に向かう願望を示す：want, hope, wish, expect, etc.
積極的に行為に向かう意思を示す：promise, decide, manage, etc.

manage は manage to do で「なんとかして〜する」という意味合いになる。がしかし manage 単独でも，I can manage it.（なんとかできます）のように「（あること）をなんとかする」という意味があり，manage to do だとまさに「ある行為に向き合ってなんとかする」ということになる。例えば，I managed to start the engine. で，manage する前にエンジンがかかっていたのではおかしい。そこで，エンジンをかけるという行為に対して何とかするというのが manage to start the engine という表現である。

ちなみに，refuse という動詞は to do を目的語とし，avoid は doing を目的語とするという事実がある。avoid は行為と正面から向かわずそれをかわすということであり，to do ではなく doing が選ばれる。一方，refuse のほうは「（心理的に）ある行為と向き合ってキッパリと拒否する」という意味合いであり，「心理的に行為に向かう」という部分が重要である。

動詞の中には，avoid もそうだが，動名詞だけを目的語としてとるものがある。動名詞の doing は現在分詞が表す「具体的な連続的な動き」の具体的な部分を捨象し，完全に頭の中で思い描く名詞的概念（アイデアやイメージ）を表現するため，時間的には中立である。だから，前置詞の目的語は不定詞ではなく動名詞になるのである。動名詞の名詞としての性質と時間的な中立性は，「行為に向かう」ということから動詞的性質を強く残すだけなく，未来志向的である不定詞の性質と大きく異なるところである。時間的に中立であるということは，動名詞を過去，現在，未来という時間にとらわれ

ず使うことができるということである。しかし，同時に，動名詞の doing は完全に名詞化された概念であり，今・ここで進行している連続的動作に言及することはできない。このことを念頭に置けば，動名詞の doing を目的語にとる動詞のタイプに以下のものがあることが分かる。

　何かをしているというイメージを伴うタイプ：enjoy, practice, etc.
　行為に向かわず回避するタイプ：avoid, mind, put off, etc.
　あるアイディアやイメージを提案したり想像したりするタイプ：suggest, consider, imagine, etc.

I enjoy playing the piano.（私はピアノを弾くのがたのしい）という表現の playing the piano は「現に今弾いている」ということではなく，「ピアノを弾いているというイメージ」を想定して，それに楽しみを覚えると言っているのである。like や love のように動名詞と不定詞の両方を目的語にする動詞の場合も，どちらを選ぶかで意味合いに違いが出てくる。例えば，ゴルフ好きの人が「ゴルフはいいね」という場面では，I love playing golf. が自然だろう。というのは，ゴルフ好きの人であれば，実際にゴルフをしたという経験があるため，ゴルフをしている情景をリアルなものとして思い描くことができるからである。一方，ゴルフを始めたいという人であれば，「ゴルフをするということに向き合ってみたい」の意に近い I like to play golf. と表現するだろう。同様のことが remember においても見られる。例えば I remember seeing her. だと「彼女と会ったのを覚えている」といえば，「現に彼女に会った」ということを記憶・思い出（名詞）として表現したもので，I remember to see her. だと「これから彼女に会うことを覚えておく」となる。

　前述の通り Would you consider working for me?（私のために働くという考えを検討してもらえませんか）だとか May I suggest going there by taxi?（タクシーでそこに行くというアイディアはどうでしょうか）などでは，行為に向かうところに焦点があるのではなく，あくまでもアイディアの可否を問題にしている。同様に，imagine は頭の中で名詞化されたイメージを思い描くわけ

だから動名詞になる，ということは自然と理解できる。
　すこし難しい問題として感情動詞に見られる以下のような非対称性をどう説明するかがある。

	不定詞	動名詞
love	◯	◯
hate	◯	◯
like	◯	◯
dislike	×	◯

love，like，hate の場合，名詞化されたイメージや概念を語る場合には動名詞を，ある行為に向かうことを問題にしている場合には不定詞をとるようになる。love［like］to do だと「～したい」，love［like］doing だと「～することが好き」という意味合いである。同様に，hate to do だと「(何があっても) ～したくない」，hate doing だと「～(すること)が大嫌いだ」という意味合いである。しかし，dislike はもっぱら動名詞しかとらない。これはどうしてかといえば，dislike が使われる状況が，これから何かをすることに対しての反応というよりも，経験から来るイメージを語るという場合に限定されていることに起因するものと思われる。He dislikes wearing a tie. だと「彼はネクタイをするのをいやがる」ということだが，過去にネクタイをした経験があり，そのことが判断の根拠となっているという表現である。
　以上のように，「行為に向かう」という不定詞と，名詞化された概念（アイディア）を表す動名詞の区別をおさえておけば，目的語の選択問題も原理的に説明ができるようになる。
　to do と doing のどちらをとるかで事態内容に重要な差が出る事例として，例えば，I tried (to close/closing) the window, but that didn't help. I still felt cold. という選択問題を見てみよう。ここで closing を選ぶと，「窓を閉めてみた。しかし寒さは収まらなかった」という意になる。一方，I tried to close the window. だと「窓を閉めようとしたが，結果的に閉まらなかった」

という意味合いになる。このように,「形が違えば意味も違う」ということと「形は意味を反映する」という2つの原則は,to か -ing かの違いにも働いている。そしてこのことが,動詞の目的語に不定詞と動名詞のどちらを選ぶかに関して,ちゃんとした理屈を提供するのである。

3.8.　wh-構文：疑問詞か関係詞か？

　英語では relative clauses（関係節）と呼ばれる節がある。これは，「関係代名詞」（と「関係副詞」）によって導かれる節のことをいい，先行詞と修飾関係にある節である。先行詞との関係に於いて関係節は後置修飾の関係にある。この関係節の働きを認知論的に説明するには，先行詞について追加説明を加えるという視点が重要である。従来の文法的説明によれば，先行詞＋関係節の結合体は名詞句を形成するということになる。しかし，意味編成の観点からいうならば，先行詞としての名詞句は，それ自体として意味処理され，それに後続する関係節を先行する名詞句に関連づけながら意味処理するという二段構えの手続きが行われるということになる。例えば I like the man who is standing in the corner. という文があるとすると，I like the man のところで仮止めし，それに引き続き who is standing in the corner が意味処理されることになる。ここで起こるのが，制限的解釈と非制限的解釈との区別問題である。制限的解釈だと，[the man who is standing in the corner] が名詞句として処理され，who is standing in the corner の部分が the man を限定修飾する。それに対して，非制限的解釈だと [the man] [who is standing in the corner] といった具合に，名詞句 [the man] と関係節とが分断され，関係節が追加情報の提示を行う。しかし，自然な意味処理の観点からいえば，I like the man といい，それに who is standing in the corner を追加的に提示しているのであり，限定的であるかどうかは，文脈の判断にまかされる。ということは，関係節は先行詞に対して情報を追加するというはたらきをすると一般化しておくことができよう。実際問題として，文章で書かれた場合にはカンマがあるかどうかが，両者を区別する表示となるが，会話などでは，関係節が制限的か非制限的かを明確に峻別することはむずかしい。

　関係代名詞の種類を分類すると，以下のようになる。

主格	所有格	目的格
who	whose	(whom)
which	of which	(which)
that	────	(that)

道具立て（各表現の基本的意味）
who　　　誰？
whose　　誰の？
which　　どれ？
of which　どれの？
that　　　その

勿論，これは代名詞の格変化に対応している。who‒whose‒whom は he‒his‒him を連想させる。which は物を先行詞とすることから，所有格は of がつく（例. the legs of a desk）。that に所有格の用法がないのは，that が指示詞であるため特定化する作用をもつことに由来する。

さて関係代名詞と呼ばれる語で会話においての使用頻度が高いのは，who, which, that の3つである。この3つを使い分ける基準は一般に，以下のように要約されている。

who―先行詞が人の場合
which―先行詞が人以外の物や動物の場合
that―先行詞は，人，物，動物のいずれでもよい。ただし，先行詞に every, the only, all, any, 形容詞の最上級，序数詞が付いているときには that が優先的に使用される。

ここで疑問詞と関係代名詞の違いについて考えてみなければならない。疑問詞だと，欠けている情報を相手に求めることになるが，関係代名詞だと，先行詞の the man が who が求める情報を補完することになる。すなわち，関係代名詞は節の中に情報が欠けているということを示すと同時に，先行詞の代名詞としての機能を担うのである。

Do you know the man who likes Mary?
↓
the man likes Mary

　まずこの関係節では主語の情報が欠けている。その欠けは先行詞によって補われる。そこで，関係代名詞の who は「誰って？その人は…」と考えればよい。すると，この表現は「その男を知っているかい，誰って？〈その男〉はメアリーのことを好きな人だ」と解釈される。
　この「誰って？」という意識が情報の流れを仮止めし，[the man who likes Mary] を名詞チャンクとして処理することにつながる。非制限用法の場合は，情報の流れを仮止めする必要がないため，「誰って？」といった先行詞に自己言及する意識が働かず，日本語でいえば「そして，その人は…」といった "afterthought"（後からの思いつき）的な情報追加の機能を担うことになる。
　上の例では主語の情報が欠けているが，次のように目的語の情報が欠けている場合も同様に考えることができる。

Do you know the man who(m) Mary likes?

これは「その男のことを知っている？誰って？その人はメアリーが好きな男だよ」と解釈すればよい。主語がある場合には，紛れがないのであえて who(m) を用いる必要はなく，Do you know the man Mary likes? でもよい。必要がなければ，できるだけ経済的に表現するというのが一般的原則である。
　次に which は「どちら」という意味を示し，そこから推測できるように，指定を求めるはたらきがある。その指定するニュアンスを生かせば，関係代名詞 which の意味機能は「どれって？それは…」といった意味合いになる。以下の文をみてみよう。

He told us a story which was really thrilling.

この文は「彼はある話しをしてくれたんだ。どれって？それは本当にスリリングな話なんだ」となる。「どれって？」によって a story に自己言及し，それは「本当にスリリングな話」だ，と全体を名詞チャンクとして意味処理することになる。一方，これを非制限的に処理すると，「彼は私たちにある話をしてくれた。それは，スリリングなものだった」となり，which was really thrilling は話者のコメントとみなされる。

　これは主語情報が欠けている関係節だが，目的語情報が欠けているときにも考え方は同じである。例えば，次の文をみてみよう。

　He told us a story which John wrote.

この英文も「彼はある話をしてくれた。どれって？それはジョンが書いた話だよ」と理解すればよい。主語情報があれば意味関係に紛れがないことから，この which も省略される傾向が強い。例えば，He told us a story John wrote. といえば，たとえ関係代名詞がなくとも，a story John wrote だけからでも，wrote の目的語が欠けていることがすぐにわかるからである。ところが，Do you know the man likes Mary? だと，SVα（主語（S）＋動詞（V）＋α（目的語・補語））の基本形から the man likes Mary という解釈が誘発されやすく，そうした誤解を解消するのに who を補うものと考えられる。

　which は，以下のように，先行する節全体を受けて，さらに情報を追加するときにも使うことができる。

（1）My girlfriend and I went for a walk after dinner, which happens rarely.
（2）I had to wash his car, which I don't like to do.

（1）では，My girlfriend and I went for a walk after dinner 全体を which でうけて，それにコメントを述べている。同様に，（2）でも I had to wash his car の内容に，which を導入しコメントを追加する。どうしてこういう表現が可能か，ということだが，それは，which が「どれって？それは」と自己言及先を it で表すことができるからである。who の場合は，「誰って？」な

ので先行詞は人物に限定されるが，which は「それ（it）」なので，モノとコトの両方を指すことができる。もちろん，ここでは，非制限用法なので，「どれって？」の部分が後退し，「それは…」の部分のみが強調されることになる。

　一方，that には，指示代名詞としての直示的な機能がベースにあるため，何か特定のものを指すというはたらきがある。何か眼前のものを指して「それ何？」と聞く場合，What is it? ではなく What is that? という。it は代名詞で，that は指示詞である，という違いがここでは重要である（3.13参照）。そこで，関係代名詞として使用された場合，先行詞を that で指し，それを話題として取り出す作用がある。例えば，He has a rifle that looks very shiny and new. は次のように2つに分けて分析することができる。

　　He has a rifle
　　　　　↓
　　　　　that looks very shiny and new.

that が all, the only, any, the first など限定的要素のついた先行詞と相性がよいということも，簡単に説明することができる。それは，そもそも that が特定化する作用を持つからである。

　さて，関係節の強みは，節内で時間的調整を自由に行うことができるということである。先行詞を補わなければ完全な節にはならないが，節が表す出来事の時間を指定することができるというのは関係節の表現上のメリットである。Do you know the man? を再び例として考えてみよう。

　Do you know the man over there?
　　　　　　　　the man in the corner?
　　　　　　　　the man talking to the president in the corner?
　　　　　　　　the man who is talking to the president in the corner?

ここでは over there によって「向こうにいる男」くらいの意味になる。だが，位置関係をもっとはっきりしたければ，the man in the corner, the man at the desk, the man by the car などのように前置詞句を用いる。さらに，何をしているかを明示したければ，the man talking to the president in the corner, the man reading a comic magazine in the corner のように -ing を用いることができる。the man who is talking to the president in the corner との違いは少ないが，関係節では，次のように，いつどうだったかを表示することができるという最大の特徴がある。

  Do you know the man who is talking to the president in the corner?
              the man who was talking to the president in the corner?
              the man who talked to the president in the corner?
              the man who can handle the issue?

3.8.1. 関係代名詞の what と疑問詞の what

  what には「関係代名詞」と「疑問詞」の用法があるとされる。しかし，ここでも what は what である，というスタンスをもつこと——疑問詞の what の機能に注目すること——が重要である。例えば，以下の4例をみてみよう。

  （1）What are you talking about?
  （2）I don't understand what you're talking about.
  （3）I'm not interested in what you're talking about.
  （4）What you're talking about has nothing to do with the matter.

これらを従来の文法基準で分類すると，（1）と（2）は「何」という訳語が充てられるため，この what は「疑問詞」とみなされる。一方，（4）は，「何」という訳語は無関係なことから「関係代名詞」とみなされる。しかし，（3）の場合はどうだろうか。これについては，関係代名詞とも疑問詞ともとれるあいまい性を含んでいる。「あなたの話していることに興味がない」と訳せば関係代名詞，「あなたが何を話しているかに興味がない」と訳せば疑問詞となる。しかし，ここでも，形が同じなら共通の意味・機能があるという観点から what を捉えるということが重要である。

では，ここでいう共通項とは何だろうか。結論を言えば，「具体的な『何か』を示さない」という機能がwhatのwhatたる所以(ゆえん)である。関係代名詞であれ，疑問詞であれ，この機能が含まれているのである。いわゆる関係代名詞のwhatの場合は，「それが何を指すかを話し手は知っていても，具体的にそれが何であるかを示さず，漠然と『もの・こと』として示し，それによって相手の注意を引き付けるはたらき」があるといえる。例えば，I was really surprised by what he said at the meeting. では「会議で彼が言ったことには本当に驚いた」という意味合いになり，聞き手はwhatの中身に注目することになる。また，What's important is that you do your best all the time. は「大切なのは，常にベストを尽くすことだよ」の意になるが，ここでもwhatで相手の注意を引き付けておいて，そして肝心な点を述べるという構造になっている。だとすると，whatは「先行詞を含む関係代名詞」であるという理解は，正しくない。むしろ，「先行詞を含まない関係代名詞」と呼ぶべきであり，具体的な内容を示さず，漠然ともの・こととして提示する，というところにその機能を見出すことができる。

3.9. 冠詞の機能

英語の冠詞は難しい。通常,「数えられる名詞にはaを付ける。数えられない名詞にはaを付けない」という規則を学ぶ。しかし,ここでは発想の転換が必要である。数えられる名詞にaを付けるのではなく,aを付けるから数えられる名詞になるのである。

冠詞は形としては「不定冠詞 (a)」と「定冠詞 (the)」の2つしかない。この冠詞を攻略するには,名詞の意味に注目する必要がある。名詞はなんらかの対象を指す品詞である。そして,それがどういう対象であるかに影響を与えるのが冠詞である。これまで,語のコア(=意味)を中心に文法現象を説明してきたが,冠詞の場合のコアは意味というより,機能あるいははたらきである。

冠詞の「はたらき」を理解する第一歩は,例えば,APPLE(辞書に登録された語形を大文字で表すことにする)ならば,日木満(名古屋市立大学)が強調しているように,以下のように5つの「名詞形(noun forms)」があり,それを英語話者は選び分けて使用していると考えることである。

APPLE──→ |apple, an apple, apples, the apple, the apples|

そもそも名詞は,このいずれかのかたちで必ず使用されるのである。そして,どの名詞形が使用されるかで,apple なら「切り刻んだリンゴ(すりおろしたリンゴ,ジュースにしたリンゴなども同様)」,an apple なら「一個のリンゴ」,apples なら「何個かのリンゴ」,the apple なら「特定の切り刻んだリンゴ」あるいは「特定の一個のリンゴ」,そして the apples なら「特定の何個かのリンゴ」,といった具合に,それぞれの指示対象が異なる。

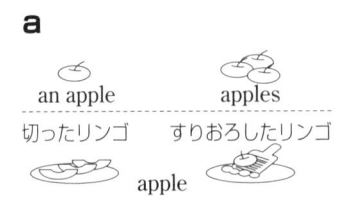

このことから，例えば room が「余地」で，a room が「部屋」となるように，あるいは air が「空気」で，airs が「様子，雰囲気」になるように，それぞれが異なった名詞であると考えるというのも1つの考え方である。しかし，少なくとも，冠詞の有無，複数尾の有無を除けば，形態的には同一である。また，「漠然とした空間（room）」を壁で囲えば「部屋（a room）」になるように，形が同じであれば，意味的な関連性があるのも確かである。そこで，上記のような意味的変化は冠詞の有無とか複数尾の有無によって調整されている，と見なすことが妥当だろう。

3.9.1. 冠詞を理解するための理論

さて，英語の冠詞をきちんと理解するには，冠詞の2つの理論を想定することが必要である。

【対象認知理論】

名詞形が「a＋名詞」であるか，「ゼロ（φ）＋名詞」であるかの決定。その際の鍵は対象の単一化が想定されるかどうかである。「a＋名詞」であれば，単一化の想定がはたらき，「ゼロ＋名詞」であればそういう想定ははたらかない。このことを解明する理論は，対象の捉え方（認知のしかた）と関係することから「対象認知理論」と呼ぶことにする。

【情報共有理論】

対象が情況内的に指定可能であるかどうかの決定。指定可能な場合には「the＋名詞」を用いる。対話においては，相手方が対象を特定することができるかどうかが重要な問題となることから，the の使用を解明する理論のことを「情報共有理論」と呼ぶことにする。

3.9.2. a かゼロかの選択：対象認知理論の観点から

対象認知理論は，（指示）対象がどんな対象であるかの決定に関心がある。対象の「単一化（対象を取り出すこと）」が可能な場合で，1つの対象

を指すときには「a＋名詞」の名詞形が，複数の個体が想定される場合には「名詞＋-s」（複数形）が使用される。対象を単一化（individuate）することができるということは，対象が有形の個体であるということ，対象が複数個存在しうるという想定が条件となる。集合とサンプルとの関係を念頭に置けばよい。そして，単一化が不可の場合は，「ゼロ＋名詞」の名詞形が使用される。『Eゲイト英和辞典』（ベネッセコーポレーション）では，aのコア機能について，以下のように記述されている。

「（複数の対象の中から）１つを個体，単位，あるいは種類などとして取り出すことができる場合に用いる」

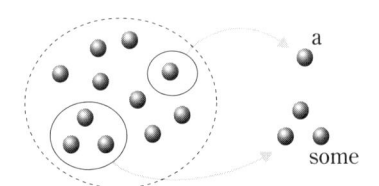

「a＋名詞」→名詞の概念の集合体から，サンプルをひとつ取り出す。

周知のように，名詞の種類には「固有名詞」「一般（普通）名詞」「物質名詞」「集合名詞」「抽象名詞」の５つがある。この５つを単一化の可能性に注目する対象認知理論の観点から説明すると，次のようになる。

【固有名詞】
　対象と固有の指示関係を示すのが固有名詞。
　この場合，指示対象は１つであるため，単一化は作用しない。そこで大文字で示すのが特徴となる。William Shakespeare, Bill Clinton, Mother Terresa 等々は固有名詞である。

【一般名詞】
　単一化可能な有形の対象を指すのが一般名詞。

例えば「リンゴ」は複数の対象を指し、有形の個体であるため、an apple, apples のように表現すれば、一般名詞としての APPLE ということになる。a desk／desks, a tiger／tigers, a cup／cups 等々も一般名詞である。

【物質名詞】
　計量可能な無形の対象を示すのが物質名詞。
　物質名詞の特徴は、どれだけの量を取り出しても同一の物質であることにかわりないところにある。「水」はどれだけの量を取り出しても水であることには変わらない。車からハンドルだけを取り出して、ハンドルを車と呼ぶことはできないということと比較したい。ただし、有形物としての単一化ができないため、a はつかず、water とか gold とか air のように表現される。固有名詞や一般名詞と同様にその対象は知覚可能だが、有形的でないところに物質名詞の本質がある。

【集合名詞】
　複数の一般名詞を集合的にまとめるのが集合名詞。
　|sofas, rugs, chairs, tables, …| を furniture と、|dogs, cats, tigers, horses, …| を animals と呼べば、furniture や animals は集合名詞である。これは有形の知覚対象ではなく、集合的概念であるため、単一化は行われず、a は付かない。ただし、変わった動物たちを指して、Look at those animals. といえば、この animals は一般名詞として使用されており、集合名詞ではない。

【抽象名詞】
　単一化できない観念対象を示すのが抽象名詞。
　抽象名詞の指向対象は抽象的な観念であり、境界が曖昧で、無形である。そのため、単一化は行われず、ethnicity, love, justice のようなゼロ冠詞のかたちで表現される。

さて，単一化が可能であるかどうかを基準に名詞のタイプを説明したが，単一化が可能であるということは，可算的（countable）であるということでもある。言い換えれば，可算性の基準を示すのが a(n)／ゼロの選択なのである。

【ゼロ表示の名詞】
　　固有名詞，物質名詞，集合名詞，抽象名詞
【a(n)表示の名詞】
　　一般名詞

　ところが，ゼロ表示の名詞概念を計量可能なものにしたり，可算的なものにしたりすることができるところに人間の認知の柔軟性がある。この柔軟性を理解することが冠詞の攻略には必要である。
　coffee は通常，物質名詞扱いされるが，a cup of coffee のようにすれば，a cup が有形で可算的であるため，計量可能な対象になる。同様のことが，a piece of information, a type of love, a bucket of water, a piece of furniture などについてもいえる。
　ある名詞を指して，「これは物質名詞だ」とか「それは一般名詞だ」というのはあまり意味がない。むしろ，どういう名詞形で表現されているかが重要なのであり，固有名詞の一般名詞化，一般名詞の物質名詞化，抽象名詞の一般名詞化などが行われる。その際の最大の手掛かりとなるのが a／ゼロの使い分けである。
　ファースト・フードの店で Give me a coffee. ということは可能だろう。この場合は，状況的に a cup of coffee の意として了解される。しかし珈琲専門店で Give me a coffee. といえば，店主は What kind of coffee do you want? と聞くだろう。つまり，この場合は，種類が問題になるのである。
　誰かを形容して，a Bill Clinton といえば，「Bill Clinton のような人」あるいは「Bill Clinton という人」となるし，Bill Clintons だと「Bill Clinton という名前の人たち」という意味合いになる。対象の単一化を行うには，複数の

成員からなる集合を想定する必要があると述べた。「Bill Clinton のような人」の意で a Bill Clinton を使用した際には，本物（前米国大統領）と Bill Clinton と呼んでもよいほど本物の特徴と類似した特徴を備えた人を想定する。「Bill Clinton という人」だとか「Bill Clinton という名前の人たち」だと，複数の Bill Clinton さんが存在するという前提である。

　「ピアノを専攻している」といいたければ major in piano で，major in a piano にすると「ある特定のピアノ（楽器）を専ら研究する」という意味合いになってしまう。「ピアノを演奏する」だと楽器が問題となるため，play a piano でもよいはずだが，通例は，play the piano という。その理由は，play a piano だと，単一化の作用からピアノの種類が連想されてしまうからである。the には後ほど述べるように，対象の共有感覚を示すはたらきがあり，play the piano だと，〈ピアノがどういうものであるか知っていると思うが，そのピアノというものを演奏する〉くらいの意味合いになり，ただ「ピアノを弾く」という際には play the piano が使用される。

　また，「会議中に短い沈黙があった」といいたければ，There was a short silence during the meeting. となる。会議の進展において短い沈黙があったということは，「沈黙」の境界を設定することが可能であり，それが a silence という表現を可能にしている。もちろん，何度も沈黙があれば，silences と複数形にすることも可能である。There was silence ... だと「沈黙が立ちこめていた」という意味合いがある。

　さて，対象認知理論の原理はいたって簡単だ。a があれば，単一化が可能な想定が行われていると考えればよい。そして，ゼロの場合には，有形の対象を無形化した上で，抽象的な意味合いを表現していると考えるとよい。

　もっとも，単一化しやすいかどうかは程度の問題である場合がある。「砂」の粒を数えることはあまりなく，通常は，sand というが，「小石」になると pebbles という。同様に，「米」は rice，「麺」は noodles となるが，麺のほうが一本一本を知覚しやすいためである。また，「内臓」は印象的に複数の臓器の複合を思い浮かべやすいため，guts という。sheep は群をなしていることから複数も sheep となる。同じことが buffalo についてもいえるが，buffalos と複数形であらわしてもおかしくない。それは，羊よりもバファローのほうが単体を区別しやすいという理由による，と主張する言語学者もいる。逆に，「少年たち」は boys となるが，小さな風呂にたくさんの少年がぎっしり詰まっているような状態を目撃した人は，Look, there's a lot of boy in the bathtub. ということも可能らしい。この場合 a lot of boy となっている理由は，一人一人を見分けることを問題にしていないからである。いずれにせよ可算か不可算かの問題は表現者の対象の捉え方（主観）による部分があるということである。

3.9.3. the の使用原理：情報共有理論の観点から

the は a とは異なった原理にしたがって使用される。一言でいえば，the は指定可能な対象であることを示す。対話の場面では，対象を共有していることが the で表示される。対象認知理論がどういう対象を想定しているかに関心があるのに対して，情報共有理論では，対象が共有されているかどうかに関心がある。

手続き的にいえば，対象認知理論によって，例えば「リンゴ」といってもどういったリンゴを想定しているかを決め，情報共有理論によって，その想定されたリンゴが相手にも共有されているかどうかを決める。リンゴサラダの中のリンゴは（some）apple であって（some）apples ではない。対象認知理論は some apple という表現を選ぶ基準を提供する。そして情報共有理論では，Let me put more apple in the salad. のように the を使用しない場合もあれば，Remember the apple in the salad? It was delicious.（サラダのリン

ゴ覚えている？あれはうまかった）のように the で表示する場合もある。この文の the apple の裏にあるのは an apple ではなく，apple である。

　対話状況では，対象の共有感覚の有無はきわめて重要である（文章を書く際にも読者との対話的関係が想定されている）。対話では，the 指定がなく名詞形が使用されれば対象の非共有が，the 指定が行われれば対象の共有が示されることになる。

　justice が抽象名詞として使用された場合でも，その使用された語に言及して，The justice that you're talking about still remains undefined. （君が言っている正義とやらは未だ定義されないままだ）のように，指定することが可能である。

　このように指示対象の共有感覚を表すのが the である。the を使うかどうかは話し手に委ねられており，その使用原理はいたって簡単で，「相手方の参照枠を尊重せよ」というものである。つまり，自分にとって対象が指定可能であるかというよりも，相手が彼（彼女）の参照枠のなかで指定可能であるかどうかを想定しつつ，指定が可能な場合には the を使い，そうでない場合には the の使用を控えるというものだ。

　どういう場合に共有感覚を持ちうるかといえば，次のように3通りの可能性が考えられる。

（1）常識的共有：一般常識の共有

　　The earth goes around the sun.

　　How can I get to the post office?

　　I couldn't use my car. The tires were slashed.

（2）文脈的共有：

　　ⅰ）先行状況の共有

　　　（I bought a cat.） The cat always makes me comfortable.

　　ⅱ）指定可能であることを予期

　　　The man I'm going to introduce to you is …

（3）指示的共有

Look at the car across the street. It's a Mustang.

　（1）の常識的共有というのは，ある共同体内で常識とされていることを前提に，相手も対象を指定可能であろうという想定を立てる場合である。How can I get to the post office? と聞く側は，the post office と指定可能な対象として差し出すことで，相手が「最寄りの郵便局」への行き方を教えてくれるものと考える。I couldn't use my car. The tires were slashed. では，車にはタイヤがついているという常識を相手も共有しているという前提がある。もし相手が車がどういうものであるかを知らなければ，The tires といきなりいうことはできない。

　（2）の文脈的共有というのは，既に言及された対象を取り上げる場合と，これからその対象を特定化するという場合の2つを指す。The cat always makes me comfortable. では，例えば，話し手が猫を買ったという事実が聞き手に知らされているという想定が働く。ところが，例えばいきなり The man ということがある。この the は対象が指定可能になることを予期するはたらきをする。The man I'm going to introduce to you is ... といえば，「ぼくが君に紹介しようとしている男性」ということで，後続の I'm going to introduce to you が the の使用を可能にしている。

　（3）の指示的共有というのは，外界の何かを指差すことで，共有可能にする。Look at the car across the street. では，聞き手はこの発話によって道路の向こう側にある車に注意を向けることになるが，場面的に指定可能であるため，話し手は the car といっているのである。

　話し手と聞き手の双方が指定可能であるということは，情報的には既存のものとして取り扱われることになる。したがって，the には新規の情報を提示するはたらきはない。例えば，A 君がある友人宅の居間で大画面の新しい TV を見つけ，Wow, you got a new TV. と友人にいったとしよう。この状況では，A 君は TV を指差しており，友人にもそれがわかる。だとすると，the を使用する条件が整っていることになる。しかし，ここでは，発見した驚きを表すには，the new TV よりも a new TV のほうが適切である。

このように，英語の冠詞には，対象の捉え方を示すはたらきと，対象が聞き手（読み手を含む）からみて指定可能であるかどうかを示すはたらきとがある。対象の捉え方は認知の問題であり，基本的には a を用いるかゼロのままで示すかのいずれかが選択される。a を用いる場合は，その対象の有形性が問題となる。ゼロのままだと，その対象が単一化することのできない何かであるというしるしである。対象の把握の仕方を見極めた上で，相手との情報が共有されているかどうかを示すのが the である。

ここで実際の使用例を挙げておこう。

> Silver : Two weeks ago a man named Aaronberg was shot to death, at the corner of Racine and Belden—this is public knowledge. Two people saw the crime, and this was also in the papers. This is public knowledge.
> （二週間前，Aaronberg という男が Racine と Belden の角のところで撃ち殺された。これは公にされていることだ。2 人のひとがその犯罪を目撃した。これもまた新聞に出ており，公の事実だ）[【映画】*Things Change*]

the corner …だけでは指定できないが，of Racine and Belden によって指定可能になる（[指定可能であることを予期]）。the crime は初出だが，文脈的判断で Two weeks ago a man named Aaronberg was shot to death. のことを指していることが分かる（[先行状況の共有]）。the papers は慣用化されており「新聞」の意になる（[一般常識の共有]）。

3.9.4. 固有名と the

固有名の中には the をつけるものがある。どの場合に付けるのかに関する明確な規則はないが，一応の目安としては，以下の 3 つの原則がある。

（1）複数の要素をひとまとめにして複数形の固有名として表示する。
（2）固有名の後に何かが省略されておりその省略部分までを含めて示す。
（3）修飾語を含む固有名として示す。

the Netherlands のケースは複数の要素をひとまとめにして複数固有名として表示するに該当する。the には指定機能があるため，分散している要素を

束ねてある対象として指定するところに the Netherlands の the の意義がある。典型的には「山脈・国・諸島・家族などまとまりを示して」用いられる（例. the Rockies ロッキー山脈／the Philippines フィリピン／the Hawaiian Islands ハワイ諸島／the Nakamuras 中村一家）。

（2）の「省略を含む固有名」の典型例は the Hilton（ヒルトンホテル）である。Hilton だと人名になってしまい，そのままでホテルを表すことができず，そこで the Hilton とすることで何かが省略されていることを示唆する。The *Shinano*（River）（信濃川），the Pacific（Ocean）（太平洋），the Sahara（Desert）（サハラ砂漠）なども同様である。

（3）の「修飾語を含む固有名」の場合は，通常，修飾語がつくと，an angry Bill（怒っているビル）や a new Tokyo（新しい東京）のように a をつける傾向がある。そこで，それが固有名であることを示すには指定機能を持つ the で特定化しておく必要が出てくるわけである。

典型的には「海・半島・渓谷など」(the Sea of Japan 日本海／the Korean Peninsula 朝鮮半島／the Grand Canyon グランドキャニオン)，「船・公共建造物・鉄道・橋など」(the *Queen Elizabeth* クイーンエリザベス号／the White House ホワイトハウス／the *Tokaido* Line 東海道線／the Brooklyn Bridge，「官公庁・団体など」(the Ministry of Education 文部省／the World Bank 世界銀行／the American Medical Association アメリカ医師会) がある。

ただし，固有名の付け方には歴史的経緯があり，同じ都市名でも例えばニューヨークは New York だが，その近くのブロンクスは the Bronx と言う。(日本の「銀座」も英語では慣用的に the *Ginza* と呼ばれているが，これはそれに習ったものだろう。)また，同じ橋名でもロンドンブリッジは London Bridge だし，the Golden Gate Bridge は the がつく。ただし，Golden Gate Bridge と the をつけないで使うことがよくある。このように固有名の the については規則ではなかなか説明できないものもある。そこで，上記の3原則を押さえつつも人の名前のように固有名は1つ1つ呼び方があるとする態度を持つことが必要である。

3.9.5. 集合名詞

集合名詞の中に furniture のように複数形には決してならないものと animals のように複数形のものがある。この2つのタイプのちがいをどう説明すればよいだろうか。furniture タイプの名詞として cutlery（刃物類），crockery（陶器類），kitchenware（台所用具），clothing（衣類），equipment（器具）などがあるが，ここでは furniture を代表として見ていこう。

まず，家具は人工的に作られた物の集合を表す言葉である。人間がある目的・用途のために加工した物を指す名詞を人工種名と言う。機能的な特徴が人工種名の特徴づけにおいては不可欠となる。椅子は座るための道具，包丁は料理で何かを切るための道具といった具合にである。そこで，道具の分類は比較的人為的に行われるといってもよい。

さて furniture だが，「家具は部屋に置かれるもの」という定義を通して，集合概念としての furniture ができあがる。つまり配列（configuration, arrangement）が重要なのである。

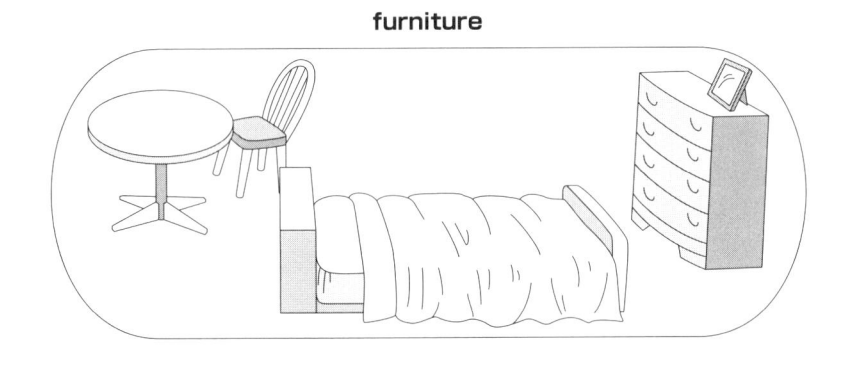

furniture

それに対して，animals のような自然種名においては，分類の尺度が異なる。家具は椅子，タンス，机，キャビネットなどの集合を指す概念であり，単体で椅子を取り出した場合，それが直ちに家具になるわけではない。浜辺の椅子を指して「この家具は便利だね」とは言わない。一方，animals は犬，猫，ライオン，トラ，象などを含む集合名詞だが，犬であることは自動

的に動物であるという関係が成り立つ。ライオンでももしその名前を知らなければ「この動物は強そうだね」と言うことが可能である。つまり，犬やライオンはどこにいても動物には変わりないということである。

　しかし，同じ自然種でも「果物」は fruit というのがふつうである。また，「野菜」はどういうわけか vegetables という。これは推測だが fruit というのは「飾りつけた果物」ということからいえば furniture に似ている。「果物かご」といういい方がある一方で，「野菜かご」とはふつう言わない。それは，野菜は動物のようにそこかしこに居る存在であるのに対して，fruit の場合，盛り付けなどのイメージが強いため，vegetables とは異なるのではないだろうか。また，sheep や fish と同様に，個別性より集合性ということに関係があるのかもしれない（実際，この問題は言語学においても妥当な理論が提出されておらず，ここでの考察も今後さらに検討していかなければならない）。

　furniture と animals のちがいについてさらにいえば，「家具」というコトバからは，部屋に属す移動可能だが比較的位置が固定している一組の道具が想定されやすいのに対して，「動物」というコトバからはそういう組み合わせとしての動物が連想されにくいという特徴がある。例えば，「動物」といえば，牛だとかライオンだとか犬だとかが個別的に連想されやすい。ここに同じ集合名詞でも「家具」と「動物」との根本的な違いがある。

　結論として furniture は集合の全体しか指さないので furnitures とは言わない。あえてそう言えば，家具セットが何種類かあるといった状況が想像されるかもしれないし，実際家具の専門業者の間では便宜上この言い方をする場合がある。一方，その成員も動物であることには変わりないということから，動物は集合名詞としてであっても animals と言う。

[コラム] 冠詞

　例えば「彼が一番の容疑者であることを証明する証拠があるよ」ということをいいたいとき，次のどの言い方が合っているだろうか。

(1) There is an evidence to show that he is a prime suspect.
(2) There is evidence to show that he is a prime suspect.
(3) There is the evidence to show that he is a prime suspect.
(4) There are evidences to show that he is a prime suspect.

　答えは(2)である。「証拠」を意味する evidence は，proof と同様に，不可算名詞として用いられるのが原則である。したがって，「…という証拠（または，証明）」は，evidence that ...，proof that ...のようになる。evidence や proof はそれぞれ evident なものや prove できるものを集めた集合体，すなわちまとまったものだと考えることができる。だから，具体的でも部分的なものでは a strong piece of evidence のように a piece of ～を使うことになるが，この原則はこのタイプの名詞の代表といえる information と同じように適用されることになる。以下は，具体的な使用例である。
　OK, now, start our investigation by examining the evidence.
　Let's review the different pieces of evidence.

　英語で「わたしたちは双子です」と自己紹介をするとき，"We are twin." と，"We are twins." のどちらが適切だろうか。正解は後者の twins という複数形である。この問題と関連するのが brother の使い方である。この brother という単語はあくまでも男同士が「兄弟」という関係を示す。だから，もし I have a brother. という文があれば，それは「兄弟という関係を持っている（具体的な）男子が 1 人いる」という意味になる。仮に兄弟が一緒にいて，「ぼくらは兄弟です」という場合には，I'm a brother to him. ＋ He's a brother to me. ということから，We're brothers (to each other). ということになる。同じことは，sister やこの twin にも当てはまる。すなわち，a twin はふた子の一人のことだから，二人そろったら当然 "We are twins." になり，一人がいうのなら I am a twin. とか I have a twin brother. のように形容詞的に使う。「双子が産まれる」という場合は，必ず twins と複数形で表現することは言うまでもない。

3.10. 法助動詞：心的態度の表明
3.10.1. can, may, must の意味機能分析

何かについての判断を，主観を交えながら表現する場合には，助動詞を用いる。例えば He bought a new car. と言えば，「彼は新車を買った」という事実が客観的に述べられているが，以下のように助動詞を用いると，日本語訳からも分かるように，話し手のある事柄に対する判断が加えられることになる。

（1）He must buy a new car.（彼はぜひ新車を買うべきだ。）
（2）He may buy a new car.（彼は新車を買うかもしれない。）
（3）He can buy a new car.（彼は新車を（買おうと思えば）買うことができる。）

一応の基準として，これらの助動詞は以下のような意味的な働きをする。

must：ある行為・認識に対して強制力が働き，そうせざるを得ないということを示す。
may ：ある行為・認識に対して，それを妨げるものがない，ということを示す。
can ：あることが実現可能であるということを示す。

法助動詞には，根源的（root／deontic）用法と認識的（epistemic）用法の2つが認められているが，この両者は「力（force）」メタファーの原理で接続されるという考えがある（Sweetser 1991）。上記はこの考え方を生かした意味機能の記述である。それぞれについて，図示すれば次のようになる。

must
抗いがたい力に
押されている状況

may
ガレージが開いていて
入ろうと思えば入れる状態

can
ガソリン満タンで
いつでも動ける状態

　例えば，must には，You must do it.（義務）と That must be true.（確信）の 2 つの用法があるが，Sweetser は，〈抗いがたい力（強制力）の作用〉がこれらの 2 つの用法の背後にあることを示している。前者では，行為の遂行においていかんともしがたい力（強制力）の作用が読み取れるし，後者でも，ある結論・推論に至るのに強制力が働いていると考えることができる。may にも「許可」と「推量」の 2 つがあるが，この場合には，〈強制力（障害・妨害）の不在〉が両者の共通項である。誰かが何かをすることに対してそれを阻止する妨害物がないというのが「許可」であり，誰かがある事柄に対して判断をすることに対して妨害物がないというのが「推量」である。「推量」は話し手の認識にかかわる行為であり，「許可」は対人関係に関わる行為である。

　must が「強制力の存在」だとすると，may は「強制力の不在」である。では，can についてはどうか。can は「あることが実現可能であること」を示し，可能性を強調する助動詞である。たとえてみれば，「エネルギー（ガソリン）がたまっていていつでも発車できる状態」を表すのが can である。「行為の実現可能性」を問題にすれば，「（能力として）…することができる」「（事情が許せば）…できる」「（許可）…してもよい」「（依頼）…してください」などの意になるし，「状況の実現可能性」を問題にすれば「（否定文で）…のはずがない」「（疑問文で）…だろうか」の意になる。

　例えば，She can do it. は彼女にはそれを遂行する力が秘められている，ということに対する話者の判断である。「そうしてもいいよ」の許可を表す

You can do it. のような対人関係における用法も，ある行為の実現可能性を問題にしている。ところで，英語では，That can't be true.（そんなはずがない）という表現は可能なのに，「それは本当に違いない」の意で That can be true. ということはできない。Watching television can be boring. という言い方は可能だが，これだと「テレビを観るのは退屈なことがある」の意になる。That can be true. といえば，これは「それが真実である」という帰結に対して，「可能性がある」ということである。「それは本当に違いない」は，強制力を伴う That must be true. でなければならない。一方，That can't be true. だと「それが真実である」という可能性が否定されることで「…のはずがない」の意になる。

以下，will, should, should と ought to の違いについてもみていきたい。

3.10.2. will の意味機能分析

will は未来を表し，単純未来と意志未来に分けられるというのが通説である。しかし，この説には問題がある。will の「単純未来」は本来「推量」とすべきものである。一方「意志未来」は「未来」という表現を落として「意志を表す」とすべきである。

単純未来と呼ばれる用法が実は推量の意味あいを持つということは以下の例からも見て取れる。

（1）Tomorrow is Saturday.
（2）It will be fine tomorrow.
（3）He will be 19 next year.

以上の3例はいずれも未来のことがらだが，（1）で will be はおかしく，逆に（2），（3）では is は不自然になる。日付などの問題は常識的に確実視されるため推量の余地はないが，天候はむしろ推量の域を出ない。これは厳密に言えば（3）にもあてはまる。「彼が無事に生きていればそうなるだろう」というような推量が無意識とも言えるレベルで認知処理されていると考えられるからだ。

すると，will は「意志」か「推量」を表すということになる。両者の関係は，「意志」というコアを中心にして，以下のように示すことができる。

【will のコア】―意志を表す
意志を表す
　①第一人称の意志は表現できる。
　②第二人称の意志は代弁するか，あるいは問うことができる。
　③第三人称の意志は推量する。
推量を表す
　④意志が背後に退き，推量のみが前景化する。

すると，I will do it. だと主語の意志の表明になるし，You will do it. だと「あなたはきっとそうするだろう」と相手の意志の代弁になる。Will you do it? だと「それをしますか」あるいは「それをしてもらえますか」の意になるが，いずれにせよ，相手の意志を直接的に問う表現である。一方，She will do it. になると，当事者が発話時において「いま・ここ」にいないがため，意志を推量して，「彼女はそれをするだろう」という意になる。The door won't open.（ドアは開こうともしない）は，推量の事例で，擬人法によりドアは開こうとする意志を持っていない，という意味合いである。

The door won't open.

ここまでは，意志が関与した will の用法だが，意志性が弱まり，推量のみが強調される will がある。いわゆる，単純未来の will である。「意志未来」

だとか「単純未来」という言い方にすでに問題がある。意志の場合は、それがどういう意味であるかが了解できるが、「単純未来」が示す単純な未来とはどういうものかがまず理解されない。また、意志を表すということは、自動的に未来に向けた行為の表現である。同様に、「推量」という概念そのものが未来志向的である。だとすると、will は「意志」と「推量」を表す表現である、と理解しておくのがよい。

　この理解のしかたの利点は、例えば、店で買い物をし、支払いをする場面で、How much do I owe you? (おいくらになりますか) という問いに対して、相手が That'll be 20 dollars. (20ドルになります) と表現することがある。これは推量である。それによって表現に丁寧さを加えていると考えるのが自然である。同様に、Where is she? (彼女はどこですか) に対して、She will be in the library. (彼女は図書館だろうと思う) の場合も明らかに推量である。

　言い換えれば、will は意志を表すか、推量を表す以外には用いることができない、というのがここでの結論である。この結論を押さえておけば、「条件の if 節では will を用いない」という従来の説明に対して、もっと正確な説明を加えることができるようになる。すなわち、ここでの規則を正確に言い換えれば「条件の if 節では論理的に確定的な前提（条件）を語るため『推量』の will は使わない。ただし、『意志』の will は使える」となる。例えば、If it rains tomorrow, I'll stay at home. の条件節で will を使うと「雨が降るかもしれないなら」のようになって論理的な前提自体が揺らいでしまう。逆に、If you will help me, I'll be very happy. では、推量ではなく相手の意志を論理の前提に組み込むために正しい表現とみなされる。

3.10.3.　should の意味機能分析

　should はむずかしい助動詞とされる。それは、用法が多岐にわたるため、一貫した説明がなかなかできないためであるが、次のような考え方をすると should の統一性が見えてくる（『E ゲイト英和辞典』（ベネッセコーポレーション）を参照）。

【should のコア】　　　　　　　多様な用法
「事実としてなされるべき，　──▶ 提案・助言，義務，推量，必要
（だが）いまだなされていない」──▶ 万一，用心，意外性

　まず，should の意味をコア分析すると《事実としてなされるべき，（だが）いまだなされていない》となる。〈提案・助言〉「…したほうがいい，してもらいたい」〈義務〉「…すべき」〈推量〉「…のはずだ」などの基本的な用法は，どれもコアの前半に焦点がある。
　ここでの用法上の注意点は〈義務〉だけではなく身近な問題について比較的穏やかな〈提案・助言〉を行う用法もあるということである。You should call me anytime you want. などがその一例だが，ここで had better や must を使うとやや高圧的な印象を与えてしまう。それは had better だと「提案」というより何がよいかについての話者の判断に基づく「忠告」の意味合いが強くなり，must だと「道義的な義務」があるような印象を与えるためである。会話ではむしろ should が柔らかい印象を与えることがある一方で，You should be kind to old people. などのように「道徳・道義」に照らして当然とみなされることがらは〈義務〉と解釈されるのが自然な場合がある。この２つの用法の境界はやや曖昧だが，身近なアドバイスか常識的な道義的問題かという点を意識することが１つの目安と言える。
　demand, insist, order, propose, require など「命令・要求・提案」等を表す動詞などに続く that 節では〈必要〉の should が使われることがある（ただし，これは英国の用法で米語法では should を使わずに原形を使う）。この用法も，that 節内とは言え，あることがらの達成を必要とみなすためにコアの前半の意味あいで should が使われるものである。
　これらに対して，コアの後半に焦点があてられるのが，〈万一〉〈用心〉〈意外性〉の用法である。条件節で should を使えば「万一…なら」という意味になる。これは仮定法未来と呼ばれる。またこの用法では Should there be anything you need, do tell me. などのような倒置が多いのも特徴である。
　また，「…してはいけないので」という意味で for fear (that), in case など

の節で使う should もある。この用法は「否定の目的」と言われたりするが, Let's get back in case someone should drop by. などのように,「何かをしないことを目的とする」のではなく「あることがらを恐れて［場合に備えて］」というのが本来の意味だから,〈用心〉ととらえると分かり易くなる。

〈意外性〉の should は「…するなんて」という意味で主に that 節で使うものである。これは漠然と「感情の should」と呼ばれたりするが, should が「喜怒哀楽」様々な感情を表すのではないことは言うまでもない。実は, It is strange [surprising, a pity] that he should say something like that. のように主節の表現はほとんどが「驚き・遺憾」を示すもので, その主節の表現と共鳴するような形で, コアの後半に焦点をあてた should が使われているということが分かる。

仮定法未来の should は If something should happen, just call me. (万一何か起こったら, ぼくに電話してね) のように使われるが, これは「事実として起こってしかるべき」と「未だ起こっていない」の2つの関係において,〈未だ起こっていないが, どうしても起こるということになれば〉という解釈から来る意味合いである。

3.10.4. ought to と should のちがい

このように理解しておくと, should と ought to の違いが見えてくる。実は, この両者に違いについては, 言語学でも解明されていない問題であるが, 以下で示すように, コアに着目することで違いを示すことがある程度可能となる。

We should have been more alert to the dangers of a nuclear power station. という文を ought to have been でそのまま置き換えることができるし, You should be strict with yourself. も You ought to be strict with yourself. に置き換えても意味の大差はない。そこで, should と ought to はほぼ同義に使われると言われる。

確かに, この両者を区別することは容易ではない。しかし, 違いはあり, しかも, その違いについては, 原理的な説明が可能なはずである。should

の項目で説明したように，should のコアは《事実としてある行為が達成されてしかるべき，(だが) いまだ達成されていない》である。そして，話者が行為の達成を強く望めば「提案」「義務」「推量」「必要」の意味合いが，そして，事実として起こる (起こった) 事柄をあまり予期していなければ，「万一」「用心」「意外性」の意味合いが強調される。ここでは，「いまだ達成されていない」ということを前提に，達成を望むか，達成されることがありそうにないと思うかの違いが出てくる。

　一方，ought (to) のコアは《あることがらに対して「そうすることが正当である (好ましい)」》ということを示す。ここでは，正当であること (好ましさ) が強調されることになる。そこで，really との相性がよく，You really ought to do it. という言い方がよく見られる。You really should do it. という言い方も十分に可能だが，頻度的には ought to ほどではない。「あることがら」が行為であれば「義務」「忠告」の意味合いが，認識であれば「推量」「可能性」の意味合いが出てくる。

　さて，両者の違いについてだが，以下の should の用法では，ought to は使わないか，不自然だという事実を挙げることができる。

「万一」：If something should (×ought to) happen, call me.
「必要」：She insisted that her husband should (?ought to) quit smoking.
「用心」：We spoke in a low voice for fear that we should (×ought to) wake up the baby.

should は〈達成されていないから，達成されるべきだ〉ということに力点を置くため，「達成」に関する可能性や希望や注意などを問題にする上記のような事例が可能なわけである。一方，ought to の場合は，あることに対して積極的に──つまり，そうすることは好ましいのでぜひ──「…すべき」「…したほうがよい」「…のはずだ」などの話者の意思を示し，まさにあることがらに対しての積極性が含意されるため，上記の事例では不自然となるわけである。should には I should say のように「謙虚さ」を表現する用法もあ

るが，ought to にはそういう用法はない。「義務」の意味合いにおいて，ought to と should は共通しているが，ought to のほうがやや強いということが言われるが，その理由はここでの説明で明らかだと思う。

　以上のことから，以下の判断テストを英語の母語話者に対して行えば，有意な差が出る可能性がある。

　A. I know it's not a right thing to do, but you [should/ought to] do it.
　B. It's a good thing to do, so you [should/ought to] do it.

つまり，B では should と ought to の両方が自然だが，A では should はよいが，ought to だと強すぎるのでやや不自然である，という予想がそれである。

[コラム] should と might

　口語では should や might といった助動詞がよく使われ，意味の感覚がなかなかつかめないと感じる学習者が多い。should は日本語では「…すべき」と訳されることが多いが，must ほどには強くなく，「…するのが筋だ」「…のはずだ」「ぜひ…してごらん」ぐらいの意味合いで使うことが多い。以下の例を見てみよう。

（1）We've always written good songs and I think we should have first choice over our own material. (ぼくらはいつでもよい曲を書いてきたし，自分たちが何をやるかについての選択はぼくらでやってもいいはずだよ。)

（2）A : Are you nervous? (緊張している？)
　　 B : Sure. But why should I be? I've got you out there with me. (もちろんだよ。でもおかしいね。君が一緒にいてくれるのにね。)

「緊張している？」と聞かれて，「しているけど，そんなのおかしいよね」と答える場面で should が使われている。But why should I be? は「なんで緊

張しなくてはいけないんだろうね」ぐらいの意味だ。

　might は「ひょっとして…」という意味合いであり，実現の可能性が低いということを含意する。実際，「何かが起こるだろう」という表現として，実現の可能性は，It should happen.＞It would happen.＞It could happen.＞It might happen. の順で，might が一番低い。実際の使用例を見てみよう。

（1）Hey, Michael, I thought I might find you here, did you see Jimmy on TV last night?（おい，マイケル，ここに来ればひょっとして君に会えると思って。昨夜ジミーをテレビで見たかい？）
（2）With a few more days, I might be able to reach him.（もう2，3日あれば，彼の気持ちをつかむことができるかもしれない。）

（2）の might be able to ... は「可能性は低いかもしれないけど，もしかして」という気持ちを込めた表現である。

3.11. 受動態：語りの視点

日本語でも英語でも，「人が何かに対して何かをする」という能動文と「何かが人によって何かをされる」という受動文がある。この2つの表現方法の違いを理解するには，「視点」に注目するとよい。能動文は，通常，「人（動作主：agent）」への指向が強く，「誰かが x に y をする」というとらえ方をする。一方，視点を x に置いて，「x は（誰かによって）y をされる」というとらえ方をするのが受動態の表現だ。

例えば，コンピュータの故障を発見した人は，次のような表現をするだろう。

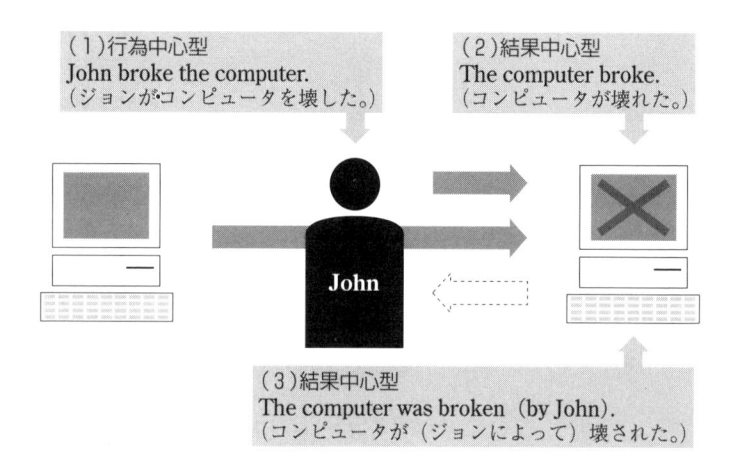

（1）行為中心型
John broke the computer.
（ジョンがコンピュータを壊した。）

（2）結果中心型
The computer broke.
（コンピュータが壊れた。）

（3）結果中心型
The computer was broken (by John).
（コンピュータが（ジョンによって）壊された。）

（1）は「ジョンがコンピュータを壊した」という表現である。それに対して（2）と（3）は，「コンピュータ」に視点が置かれ，それぞれ「コンピュータが壊れた」「コンピュータが壊された」となる。（3）は受動態表現で「誰かがコンピュータを壊した」ということが前提になっている。（2）はあたかも「コンピュータが自然に壊れた」という意味合いである。いずれの場合も，「行為者」というより，「動作の対象（コンピュータ）」に焦点が当てられていることに注意しよう。

英語では，受動態の表現は「be＋過去分詞」の形を採り，日本語の

「(ら) れる」という表現に相当する。しかし，日本語の「(ら) れる」は，いわゆる自動詞にも使うことができ，「雨に降られる」や「先生はすぐに来られる」のように「被害の意識」や「尊敬の意識」を表すことがある。一方，英語の受動態は「行為の存在を前提にする」というところにその特徴があり，過去分詞形の動詞は，「対象への働きかけを前提にする他・自動詞」に限定される。

　先の図(1)の John broke the computer. は能動態表現であり，行為者である John が前面（前景）に置かれている。この break は行為者が y にあたる the computer に直接働きかけた結果を表す他動詞である。(2)の break は「壊れる」という意の自動詞であり，「対象」に焦点が当てられているが，能動態とも受動態ともみなすことができず，いわば「中間構文」である。

　他動詞を使った能動態表現を受動態表現に「書き換える」ことができる，と学校などで習う。そこで，be＋過去分詞の形を適用して，(3)のように，The computer was broken by John. という受動文を作り出すことができる。視点について考えると，(3)は the computer を話題化する表現方法である。

The computer was broken by John.

　ここで問題なのは，書き換えによって形が違えば意味も違ってくるという点である。機械的な書き換えでは済まないのである。むしろ，正確には，書き換えという考え方を捨て，表現の形にはそれぞれの特徴があり，人は状況によってふさわしい形を選択するのだ，と考えるべきである。能動態表現から受動態表現にシフトすることで，以下のような相互に関連した意味シフトが起こる。

[図: 後景・前景、John、break、computer、beの導入]

(1) 行為者を前景から後景に移すことで、表現上の強調点がシフトする。
(2) 行為者を後景に移すことにより、動詞のyへの直接的な働きかけが弱まる。
(3) (2)での弱まりをbe動詞が受けて、行為の動作性を弱め、「状態」としてのとらえ方を強調することになる。

　BE動詞関連構文のところで説明したように、BEそのもののはたらきは、x BE y において「xがy（の状態）にある」ということである。したがって、BEを用いる受動態表現では、自然に動作よりも状態に重点が置かれることになる。この点を現在完了形のHAVEと比べてみよう。HAVEの表現では、xに主体性があるので、完了したことがらを現在の経験空間の中で処理するということの結果、現在完了形でも動作というよりむしろ状態・結果に焦点が置かれる。しかし、xにとっての経験空間が強調されることにより、受動態の場合のような「yの宿を借りる」といった受動性はない。
　いずれにせよ、受動態表現を用いると能動態では表現できない内容を表すことができる。そこで、繰り返すが、能動態表現をそれに対応する受動態表現に置き換えるという機械的作業をすることは、表現の可能性をとらえ損なうことになってしまう。
　能動態表現と受動態表現のそれぞれが独立した表現形式だとすると、どちらでもよい、ということは決してありえず、いずれかを選択するための基準

のようなものがあるはずである。受動態表現を選ぶときの基準として，以下の3点を挙げることができる。

行為者がつかめない　　行為者を前面に出したくない　　行為者を示す必要がない

　例えば，Bombs were dropped today on a village in a little-known part of the world.（ほとんど知られていない地域の村に，きょう爆弾が落とされた）という文では，「行為者不在の文」である。その意図は，上記のうちのどれかであろう。

　受動態表現の使用の実態を調査してみると，by＋NPの部分が表現されないことがたいへんに多い。これは省略ではなく，表現されないのである。例えば，米国で小学校2，3年生用に使用されている理科（Science）と社会（Social Studies）を見てみると，受動態表現は128例が見られた。しかし，行為者が示されている例は皆無であった。以下は，受動態表現が連続して使われている場面である。

Let's look at how a map puzzle is made.（地図のパズルがどのように作られるか見てみよう。）
First a flat board is painted white.（まず，平らなボードを白く塗る。）
A large roller is used to spread the paint evenly.（絵の具を平らに伸ばすのに，大きなローラーを使う。）
The shapes of all the states in the United States are then printed on the white board.（それから，アメリカ合衆国すべての州の形が白いボードの上に印刷される。）

ここでは，行為者がまったく示されていないが，この行為者を表に出さない受動態表現は，次の2つの特徴を持つことになる。

①動作性を弱め，状態（結果）を強調する。
　例. Hundreds of people were killed in the accident. (何百人もの人々がその事故で死んだ。)
②客観的な響きを生み出す
　例. It is assumed that children learn a foreign language faster than adults. (子どもは大人より外国語の習得が早いと思われている。)

x BE y は「x が y にある」というのが本来の意味である。受動態の「BE＋過去分詞」では，y に相当するのが過去分詞であり，「x が y された状態にある」と解釈される。この過去分詞は動作の完結性を表し，BE＋過去分詞のかたちで，「完結した状態にある」いう解釈が可能となる。ここから，①のような「状態（結果）を強調する」という性質が生まれる。また，どうして受動態表現が②のような客観的な響きを持つかというと，それは，行為者（主体）を隠すことにより，あたかも主観性を排除したかのような印象を与えることができるからである。そこで，実証研究の論文などでは，客観性を出すため，実験の手続きなど「行為者」としての人を出さず，物主語を使って受動態で表すことが多い。

3.12. 仮定法：仮想の状況設定を行う

　仮定法の文は条件文の1つである。一般に仮定法は，事実とは異なる仮想の状況あるいは想像の世界を設定して，そのなかで「あることが…だ」ということを表現する方法だといえる。例えば，If I were in your position, I wouldn't do that. だと，「(私は現実にはあなたの立場にいるわけではないが，もし仮に)自分をあなたの立場に置いたとしたら」という仮定の状況のもとで，「私はそんなことはしないだろう」という話し手の判断を述べる形になっている。

　ある事柄を想像する場合，視点の置き方として，現在，過去，未来がある。現在と過去に視点を置けば，それぞれ，その時点における事実とは対応しない仮定になる。また，未来に視点がおかれた場合，「仮にもし…があったとしたら」という仮説的な世界を作ることになる。この視点の置き方によって，仮定法過去，仮定法過去完了，仮定法未来という3つの用法が生じることになる。

　以上のように，仮定法は，「仮想の状況設定を行う」というのがその主たる機能である。まず，形の上での問題として，仮定法過去は現在に視点を置いているのにどうして過去形を使うのか，また仮定法未来も過去形になるのはどうしてか，という問題がある。

　仮定法は仮想の状況設定を行い，その中で「あることがどうだ」と述べる方法を提供する。現実の空間では過去→現在→未来と時間が流れていくという感覚を持つが，現在のことをそのまま現在形で語れば直接的な語りになってしまう。つまり，なんらかの方法で「これは仮想のことだ」ということを示す必要があるのである。

　英語では，時制を調整することでそうしている。原則としては「1つ時間をさかのぼらせる」というやり方が用いられる。現在のことに関心があれば過去形を，過去のことであれば過去完了形を用いるという具合にである。そこで現在のことを述べるには仮定法過去が，過去のことを回想して述べるには仮定法過去完了が使われるという次第だ。

　問題は未来だが，どうして仮定法未来は過去形を使うのだろうか。未来を

展望して語る際に動詞の未来形というものは存在しない。そこで，現在形の will や be going to が使われるのである。そこで，未来に焦点を合わせた仮想の状況設定を行う際にも，「現在形から過去形にさかのぼる」という原則がはたらくことになる。そこで，仮定法未来の if 節では should, were to, were／was going to が用いられるわけである。ただし，仮定法の呼び方は if 節の時制に拠るのであれば，仮定法未来という呼び名には無理がある。これは原形の形で用いる言い方を仮定法現在と呼ぶのと同じことである。

3.12.1. 仮定法過去と仮定法過去完了

　仮定法過去は，視点を現在に置いて「(いま) 仮に…としたらどうする」という仮想の状況設定を行うやり方である。視点は現在に置かれているが，仮想の状況の設定であることを示すため時制をずらして過去時制を用いることから仮定法過去と呼ばれる。例えば，If [Supposing] you were a billionaire, how would you spend your money? (もし億万長者だったらお金を何に使いたい？) という文では，If [Supposing] you were a billionaire と仮定を表す部分が過去になっている。

　一方，仮定法過去完了は「もし A でなかったら B であったろうに」といった過去における仮想の状況を設定し，そのなかで想像の世界を繰り広げる表現である。視点は過去に置いているが，仮想の想定であることを示すため時制をずらして過去完了形を用いることから「仮定法過去完了」と呼ばれる。例えば，If she had not called me, I might have overslept. (彼女が電話をしてくれなかったら，寝過ごしてしまっていただろう) のような文が仮定法過去完了の代表例である。会話でも，以下のように，「あの時もし…だったら」と過去の事柄について「もし」として仮の状況設定を行う場面で使われる。

　　A : ... and I said, "What do you think about getting married?" ... She didn't say anything. (…それでぼくは言ったんだ。「結婚しないかい」って。でも彼女は何も言わなかったよ。)
　　B : What would you have done if she'd said, "Yes"? (でももし彼女が OK

してたら，どうするつもりだったんだい？）

　形式的に，仮定法過去を伴う状況設定に続くのは「主語＋would do」で，仮定法過去完了を伴う状況設定に続くのは「主語＋would have done」であると考えられている。仮定法過去については，確かにその傾向が強いが，仮定法過去完了については必ずしも「主語＋would have done」であるという保証はない。このことを if it were not for … と if it had not been for … の慣用構文を通してみてみよう。

　「もし…がなければ」を現在の仮想状況として表現するときは，if it were not for … が使われ，過去の仮想状況として表現するときは，if it had not been for … が使われる。if it were not for … のあとに続く主節は，以下の例のように「主語＋would do」のパターンが一般的である。

If it were not for John, I'd still be working in that small little office. （もしジョンがいなければ，私はまだあの小さな会社で働いているだろう。）

If it were not for weekends, I'd go insane. （週末がなければ，気が変になるだろう。）

If it were not for the snowstorm, I would go out. （吹雪でなければ出かけるよ。）

I'd still be working there, if it were not for you. （まだあそこで働いているだろうね。もし君がいなければ。）

　一方，if it had not been for … の主節の動詞句は，以下のように変化が見られる。

If it had not been for your mother, you wouldn't be here. （もしあなたのお母さんがいなかったら，あなたはここに存在しないだろう。）

If it had not been for the agent, she wouldn't have gotten the contract. （その代理店がなかったなら，彼女はその契約にこぎつけることもなかっただろう。）

If it hadn't been for your kindness, I would still be stuck back there.（あなたの親切がなかったなら，私はまだあそこで行き詰まったままだろう。）

If it had not been for his quick thinking, I might have been killed.（彼が素早く機転を利かせなかったら，私は殺されていたかもしれない。）

このように，if it had not been for ... のような仮定法過去完了だからといって帰結文は「主語＋would have done」になるわけではない。if 節では過去に視点を置き，主節では現在に視点を置いた語り方が可能だからである。例えば，If she had not called me then, I would not be here now. では，then が過去を示し，now が現在を示すように，「もし彼女があの時電話してくれなかったなら」は過去に視点があり，「私は今ここにいないだろう」は現在に視点がある。なお，仮定法過去完了は典型的には「あのときに…がなかったならば，（いま）…なかっただろう」という思いを表現するのに向いており，主節に否定辞が含まれることが多い。

仮定法の主たる機能が仮想の状況の設定にあるとすると，主節の部分よりも条件節の部分が重要ということになる。このことが如実に現れているのは if only ... の構文である。

If only they hadn't come in just then.（ちょうどその時，彼らが来なけりゃよかったのに。）

If only it would rain!（雨さえ降ればいいのに。）

If only I'd been born in Switzerland and learned French, German and Italian.（スイスに生まれて，フランス語，ドイツ語，それにイタリア語を自然に学習していたらよかったのに。）

If only he would call soon.（彼がすぐに電話をくれさえすればいいんだけど。）

もちろん，If only I had known it, I could have warned you.（知ってさえいたら，あなたに警告できたんだけど）のように，主節を加えることができるが，if only ... だけで仮想の状況設定を行うことである思いを伝える用法がある。

ここでの論点を理解すれば，I wish I could ...の願望文でも，I could ...の部分は if 節の内容と関連があることがわかる。例えば，I wish I could marry him now.（彼と今結婚できたらいいのに）は If only I could marry him now. と表現することもできる。すなわち，仮想の状況を強く願うというのが I wish I could ...の構文である。I wish I were his colleague.（彼の同僚だったらいいのに）だとか I wish I were wealthier.（もっと裕福だったらいいのに）も if I were his colleague，if I were wealthier という仮想の想定があり，それを願うという形になっている。

　ここでのことは，as if や as though の構文にも当てはまる。You treat me as if I were a child.（私のことをまるで子どものように扱うのね）の as if I were a child だとか，He acted as though we had insulted him.（彼は，私たちが彼を侮辱したかのようなふるまいをした）の as though we had insulted him もやはり if 節の一種である。if only ...が単独で使えるように，as if ...も以下のように独立構文として使われる。

　As if you could help us!（まるで私たちのことを助けてくれるかのようね。）
　As if you didn't know at all.（まるであなたはぜんぜん知らないみたいね。）
　As if that weren't bad enough, now there isn't any hot water.（それでまだたいへんじゃないというのだったら，言うけど，お湯もないのよ。）

このように，仮定法では「仮想の状況を設定する」というのが主要な働きであり，状況設定して何かを語るか，仮想の状況を願うだとか，仮想の状況を提示することで願望や不満を述べるという機能がある。

3.12.2. 仮定法未来

　If it rains tomorrow, I'll stay home.（もしあす雨が降ったら，家にいますよ）のような文は，単に条件を表す直接法の文である。これは，必然的に未来志向の表現である。これに対して，「仮定法未来」という表現がある。未来志向的であるということは同じだが，仮定法未来は，if ... should ...や if ... were to ...の形式を用いて，実現の見込みの低い事柄について述べる表現である

(仮定法未来という表現は再考する必要がある)。

　if ... were to ...は「もし…ということになったら，…するだろう」という意味合いが強い。一方，if ... should ...は「もし…のときは…しなさい」の意味合いが強い。were to は「予定」を表す be to の過去形である。不定詞の to do が「予定された行動」を表し，be によって「ある状態に置かれている」ということを示す。例えば I am to be back here at 1:00. (1時にここに戻ることになっている) だと予定 (＝未来のこと) を表す。一方，If she were to refuse, he would die. (彼女が断ることでもあれば，彼は死ぬだろう) は仮定法未来の表現である。if ... were to ...という仮定法構文では，「仮に…ということになったら」のこれからのことについての仮想の状況を設定する，という働きがある。この構文を使った例には以下のものがある。

　　If John were to leave, I would be bored. (ジョンがいなくなったら，つまらなくなっちゃう。)
　　If I were to do that, I'd be kicked in a minute. (万一そんなことをしたら，私はすぐに追い出されるだろう。)
　　If you were to win the game, I'd be upset. (もしあなたが試合に勝つことにでもなれば，びっくり仰天だわ。)

　表現のバリエーションとして if you were going to be doing の形で仮定法未来を表すことがある。

　　[To the waiter] If you were going to be eating here yourself, what would you have? What's really good?
　　([ウエイターに向かって] もしあなた自身がここで食事をすることになっていたら，何を食べますか？何が本当においしいのかしら？)

　ここでも，仮の想定であるということが強調された表現である。一方，if ... should ...を使った仮定法構文では，以下のような使い方が目立つ。

　　If something should happen, call me. (もし万一何かあったら，電話してね。)

If the mail should come while I'm away, please hold it for me.（もし私がいない間に郵便がきたら，保管しておいてね。）

If you should ever come to Pittsburgh, please pay a visit.（もしひょっとしてピッツバーグに来ることでもあれば，訪ねてください。）

3.13. 代名詞（it）と指示代名詞（this／that）

　What is this／that? に対して，通常，This／That is ...ではなく，It is ...と答えるのはどうしてだろうか。この問題は，it と this／that の機能的な違いに起因する。まず，this と that は，基本的には，距離感の違いを考慮しながら，ものや人を直接指す際に用いられる「指示代名詞（demonstrative pronoun）」あるいは「直示詞（deictic pronoun）」である。

　　　this のコア機能：《話し手から心理的に近い対象を直接「これ」として指す》
　　　that のコア機能：《話し手から心理的に離れた対象を直接「それ，あれ」として指す》

　this は（離れたところの that に対して）物理的に近くにあるものを指差す働きがある。物理的距離が近い場合だけでなく，心理的なものにも社会的なものにも使うことができる。また，この this には近くにあるものを直接指すことから指されたものに対して親近感などなんらかの感情が向けられるという特徴もある。例えば，電話で本来は遠くにいる相手の人に対して Who is this speaking? と this を使う場合だとか，実際はかなり離れたところにある絵に言及して This painting is beautiful! と描写する場合などがそれに当たる。これに対して，that は，「相対的に離れたものを指さす」というのが基本である。そして，心理的なものにも社会的なものにも距離感のあるものや人を指示する場合にも that を用いることができる。That car is mine.（あの［その］車は私のです）という指示形容詞も，Do you love her that much?（彼女のことをあんなに［そんなに］愛しているの）という指示副詞でも基本は同じである。

　一方，it は「人称代名詞（personal pronoun）」であって，指示代名詞ではない。人称代名詞であるため，遠近感は関係なく，例えば It's a pen. といえば，「何か話題になっていたり示していたりするものが pen だ」という意味であって，何か対象を指して「それはペンです」という意味ではない。it は

人称代名詞，that／this は指示代名詞であるということが，両者の違いの本質である。すなわち，指示代名詞は，直接的に何か対象を指すことが可能である。そこで何か知覚対象を指して，Look at this／that. ということができる。一方，it のコアとなる機能は以下のように記述することができる。

　it のコア機能：《距離感に関係なく，話し手側からすると，何か分かっている内容を「それ」として表現する》

「何か分かっている内容」は（1）すでに述べた内容，（2）これから述べる内容，それに（3）時間・天候などのように漠然と聞き手と共有している内容の3つがある。I find it difficult to get along with her.（彼女と一緒にやっていくのはむずかしいとわかった）の it は形式目的語と呼ばれるが，ここでは（2）に当たる。

　this／that は距離感を考慮しながらある対象を直接的に「これ（this）」「あれ，それ（that）」として指示することができるのに対して，it は代名詞であり，対象を直接指すのではなく，話し手からすると分かっている内容を「それ」として代用する，という違いがある。そこで，目の前にある何かを「あれ」「それ」「これ」として直接指示する場合に，Look at it. のように用いることはできない。Look at it. という表現は，例えば，There is a strange object behind the desk. Let's look at it. のように用いる。これは，[a strange object behind the desk] が指す内容を it で代用しているのであって，対象そのものを指示しているのではない。it は「それ」と訳されるが，あくまでも名詞（句）が指す内容を代用するのであって，「概念媒介的」であるといってもよい。一方，that は同じ「それ」でも，「直接指示的」である。そこで，何かを直接指して What's this／that? と質問し，答える側は，this／that という名詞に言及して It is a pen. と答えるのである。What is this? に対して，This is a pen. と答えることは可能だが，その場合，「うん，ここにあるこれはだね，ペンというんだよ」というような意味合いになる。通常はあくまで，this が何なのかを聞いているだけなので，答える側は，差し出された

話題に言及して It is ...と答えることになる。This is yours, isn't it? の it も this is yours に言及しているため用いられるのであって，This is yours, isn't this? ということはできない。

　that には The population of Japan is larger than that of France. (日本の人口はフランスのそれより大きい) のような「名詞 (句) of 名詞 (句)」の形で最初の名詞 (句) を反復する用法がある。つまり，この that は the population というコトバを直接指すことで，同じコトバを反復するという機能を持つ。英語は左から右に流れるものであり，that (of France) という時点では the population は過ぎ去ったコトバである。そこで，距離が感じられ，that を用いるのだろうと思われる。it は名詞句全体 (the population of Japan) を代用する代名詞で，the population の部分だけを指すことができない。あえて it を使えば the population of Japan が it の内容になるため，the population というコトバを別の文脈 (例えば，the population of France) で用いることが原理的にできない。

＊　＊　＊

　このように，認知文法の視点は，英文法というものを，理解可能なものにし，しかも，そうした理解を通して，事態 (意味) の編成の仕方を学ぶことができる。英語を学ぶ上で，英文法は不可欠である。これがなければ，自在なやりとりを行うことはできない。しかし，これまで，英文法というものは，わかりにくい決まり事の学習，というふうにとらえられてきた。しかし，この章で示したように，文法は語のコアを重視するレキシカル・グラマーの視点を採用すれば説明 (＝理解) 可能である。そうした説明を行うことが，コミュニケーション能力に直結する英文法の指導のあり方であるといえる。

［コラム］代名詞 it

　it にはどういうはたらきがあるのだろうか。まず，語句の反復を避けるため言及されたモノを指して「それ」の意で使う。I bought a red jacket. I like it.（赤いジャケットを買った。それを気に入っているよ）がその例である。この it は a red jacket 全体を指すことに注意したい。I bought a red jacket, she bought a blue one. のように jacket だけを指す場合には one を用いる。

　第二に，漠然とした対象を指して it を使うことがある。それは時間・天気・明暗などを表現する時，主語を立てる必要から it を使う場合がそれである。It's raining. だとその it が何か判然としない。それでも主語を必要とする言語であることから it が導入されるわけである。日本語だと「雨が降っている」というより「雨だ」のほうが It's raining. に近いように思われる。

　第三に，文字通り形式的に立てる it がある。It is John who opened the box.（その箱を開いたのはジョンだ）の it, It is important to tell her the truth.（彼女に真実を伝えることが大切だ）の it, あるいは I found it difficult to talk him around.（彼を説得するのは難しいと分かった）の it などがそれである。この it は何かを話題として先取りしているとも解釈することが可能である。つまり，「それ」と言いつつ聞き手の注意をその指示対象に差し向けるというはたらきである。

　そして第四に，成句を形成する it もある。その代表格が I made it.（やった）である。この it もそれが何であるかははっきりしないものの，形の上では目的語になっている。run for it（逃げる），beat it（（命令文で）逃げろ），cut it out（(命令文で) やめろ）なども同様だ。いずれにせよ，it は具体的な知覚対象というよりむしろ，話題だとか漠然とした対象などのように直接知覚できないものを指す傾向があるようだ。

　なお，It is raining. の it がなければ文が成立しないだけでなく，英語の疑問文の作り方の規則を適用することもできなくなる。つまり，「is を主語の前に置く」というのがここでの規則だが，もし it がなければそれもできなくなる。文の形を整えるというのが形式的な主語の主な役割だが，それは疑問文の作成にも影響してくる。

3.14. 英文法指導法アラカルト

(1) give の文法を教えるためのレキシカル・グラマーの考え方

【方法】

　語のコアに注目しながら，その語の文法的（用法的）な振る舞いを理解する学習法のことを「レキシカル・グラマー（LG）指導法」と呼ぶ。ここでは，上記の議論を踏まえつつ，give のコアという観点から give の構文的可能性を見ると，これまでになかった理解が得られる。

【指導のポイント】

指導のポイントを要約すると，以下のようになる。

① give のコアは「何かを HAVE 空間から出す」というものである。これによって，give off や give up などの句動詞の意味が理解できることを示す。

② give の構文的な特徴としては，以下の３つがあることを示す。

X give A （X does something that causes A to GO（out of the HAVE space).)

　　She gave an excellent speech.（彼女は抜群のスピーチをした。）

　　Andre gives lessons on Tuesday.（アンドレは火曜日に授業をしてくれる。）

　　You really should give blood.（本当に献血するほうがいいよ。）

X gives A to B （X does something that causes A to GO to B.）

　　She gave a sandwich to the dog.（彼女はサンドイッチをその犬にやった。）

　　He always gives money generously to the charity.（彼はいつもチャリティにお金を惜しみなく寄付する。）

　　Give this luggage to the bellboy, will you?（この荷物をベルボーイに預けてね。）

　　Please give my best regards to your family.（ご家族によろしくお伝えく

ださい。)

X gives B A (X does something that causes the event [B HAVE A] to happen.)

She gave the dog a sandwich. (彼女はその犬にサンドウイッチをやった。)
Give me a break. (いい加減にしてよ。)
She gives me a headache. (彼女には頭が痛くなるよ。)
I'll give it a try. (やってみるよ。)

③この構文的な違いについては，Aの身分を明確にすることに注目させる。give A to B ではA が移動可能物として捉えられるものでなければならないが，give B A ではこの制約には従わない，ということを強調する。また以下のように基本的な例から3つの用法が派生していることに気づかせる。

典型構文：人＋give＋人＋移動可能物
　John gave Mary a diamond ring.
　　↓　　↓
　John gave Mary a headache ［－移動］.
　They gave peace ［－人］ a chance ［－移動］.
　Overwork ［－人］ gave John a heart attack ［－移動］.

このように，give のコアから give の文法へと繋げていけば，自然な形で，構文の理解を促す効果が出てくる。

④give だけでなく，いわゆる「二重目的語構文」は，HAVE を補って解釈することが可能であることを説明する。

She sent me a fax. →She did something that caused the event ［me HAVE a fax］ to happen by means of sending.

She wrote me a long letter. →She did something that caused the event [me HAVE a long letter] to happen by means of writing.

⑤さらに，同じ open という動詞でも，Open me a beer can. はよいが，Open me the door. と言えば違和感が生じるという現象も次のように説明できる。V＋NP＋NP の構文が可能なのは，NP HAVE NP の関係が成り立つ場合に限る，というのがその説明方法である。つまり，[me HAVE a beer can] は「私が開けてもらったビールを飲む」ということが想定可能だが，[me HAVE the door] は解釈上無理がある，といった具合にである。

（２）have を中心にしたエクササイズ
【指導のポイント】

have にも文法的関連項目が多い。まず，have の使い方の全体像を示し，コアによって説明する。例えば，以下は具体的なエクササイズのサンプルである（『新感覚☆キーワードで英会話』4 月号（2006，日本放送出版協会））を参照。

いろいろな HAVE

I have some money.（いくらかお金を持っている。）
She has long legs.（彼女は長い足をしている。）
I had a good time talking with them.（彼らと話して楽しかった。）
I'll have him fix the computer.（彼にコンピュータを直させるよ。）
She had her arm broken in the game.（彼女は試合で腕を折った。）
I had my hair cut by him.（私は彼に髪を切ってもらった。）
I've done it!（（本当に）やったんだ！）
I've met her twice.（彼女に二度会ったことがある。）
It has been raining for three days.（三日間雨が降り続いている。）

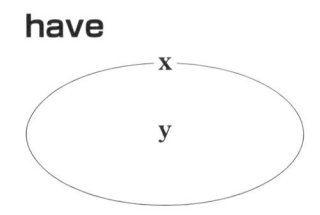

【コアで理解】
●コアと解説

have

【解説】
　英語は「もの」だけでなく「頭痛」「兄弟」「出来事」「行為」など，とにかく何でも have する言語である。have のコアを理解するには，上のような図式を想定するとよい。ここでは〈x が y を有する〉ということが示されており，y が入っている空間のことを「HAVE 空間」と呼ぶ。

【イラストでスッキリ】
　英語の表現をイラストを通して理解することで英語から日本語への単純な置き換えを克服する。ここでは一貫して HAVE 空間が使われていることに注目する。

　I have some money.（いくらかお金を持っている。）

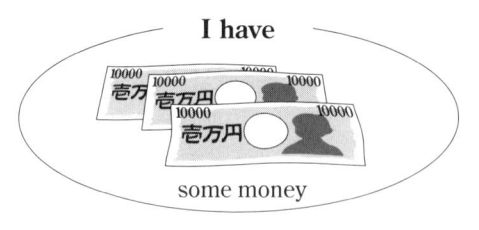

She has long legs.（彼女は長い足をしている。）

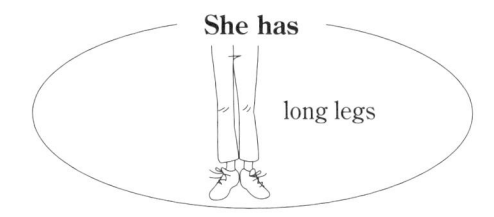

She has / long legs

I had a good time talking with them.（彼らと話して楽しかった。）

I had / a good time talking with them

I'll have him fix the computer.（彼にコンピュータを直させるよ。）

I'll have / him fix the computer

She had her arm broken in the game.（彼女は試合で腕を折った。）

She had / her arm broken in the game

I had my hair cut by him.（私は彼に髪を切ってもらった。）

I had my hair cut by him

I've done it!（（本当に）やったんだ！）

I've done it!

I've met her twice.（彼女に二度会ったことがある。）

I've met her twice

It has been raining for three days.（三日間雨が降り続いている。）

It has been raining for three days

　ここでのポイントは，have の多様な用法が HAVE 空間によって一貫した形

で説明することができる，ということである．本動詞の have を学び，次に「現在完了」という用語とともに助動詞の have が出てくると，混乱してしまう生徒が少なくない．このようにコアによって意味の連続性を示すことで，混乱を最小限に抑えることができるはずである．

(3)関係代名詞を指導するためのエクササイズ
【指導のポイント】

関係代名詞のエクササイズとして，2つの短文を関係代名詞を使って1文にする，というのがある．しかし，このエクササイズでは，関係代名詞の本来の機能である，「名詞に対して情報を追加する」という機能が理解されにくい．そこで以下のように，ある名詞について情報を加えるということが理解されやすいエクササイズがよい．

TASK-1
以下の日本語で示した情報を追加するのに，関係代名詞を用いて英語を完成させてみよう．

1. I have a dog
   A.（どれってそれは）おかしな芸をする
   B.（どれってそれは）私が家の近所で見つけた
   C.（その）耳が黒い

答
（a dog）which does funny tricks
（a dog）（which）I found in the neighborhood
（a dog）whose ears are black

2. Do you remember John F. Kennedy
   A.（そしてその人は）第35代大統領であった
   B.（その）弟も本人が暗殺された5年後に暗殺された
   C.（だれってその人に対して）クリントンがときどき比較された

答
(John F. Kennedy), who was the thirty-fifth president
(John F. Kennedy), whose brother was assassinated five years after he was
(John F. Kennedy) to whom Clinton was sometimes compared

3. I went to see *Unforgiven*
   A. (そしてそれは) Clint Eastwood が製作，監督，出演をした
   B. (そしてそれは) アカデミー賞を4つ取った
   C. (そしてその) 評判の高い

答
(*Unforgiven*), which Clint Eastwood produced, directed and starred in
(*Unforgiven*), which won four Academy Awards
(*Unforgiven*), whose reviews were excellent

TASK-2

日本語をそのままオンラインで英語に同時通訳してみよう。下線部分は関係代名詞で表す。

《君をウイリアム教授に紹介したい，
誰ってその人は（whom）私がけさ君に話した》
答
I'd like to introduce you to Professor Williams whom I spoke to you about this morning.

《スティーブン・キングの新しい小説は読みましたか，
どれってそれは（which）発売一週間で100万部を売った》
答
Have you read a Stephen King's new novel which sold a million copies its first week?

《僕はテストを受けなおさなければならない，
それは（that）私が先週受け損なった》
答
I have to take a test that I missed last week.

《僕は尾崎豊が好きだ，
そしてその人の（whose）歌は若い人の問題を語っている》
答
I like Yutaka Ozaki, whose songs are about the problems of young people.

ある名詞についての情報を追加するのが関係代名詞の働きであることを示す。単なる情報の追加か，あるいは情報を追加することで対象となる名詞を限定するかは，書き言葉では句点のあるなしで決まることを示す。会話では，両者の区別は話し手の意識のありように依存するところが多く，限定用法か後付け的な情報の追加かの区別が曖昧であることも少なくない，ということを指摘する。

（4）助動詞を教えるためのエクササイズ
【指導のポイント】
　助動詞は，義務，可能性，意図，確信などに関しての話し手の心的態度を示すのが主な機能であることに留意させる。例えば，「雨が降る」という命題に対して，話し手がその可能性をどうみているかによって選択される助動詞が異なる。助動詞のエクササイズもこの点が理解されやすいものがよい。

TASK-1

イラスト中の A〜D の状況を表す英文を(1)〜(4)の内から選んで表現してみよう。

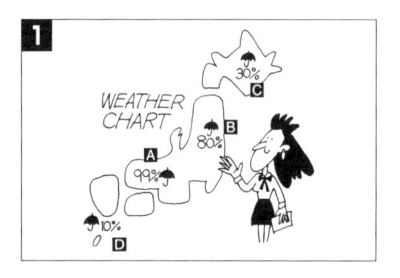

(1) It will rain tomorrow.
(2) It could rain tomorrow.
(3) It may rain tomorrow.
(4) It will probably rain tomorrow.

答　A→(1)　C→(3)
　　B→(4)　D→(2)

(1) It must be tasty.
(2) It won't be tasty.
(3) It may be tasty.
(4) It will be tasty.

答　A→(1)　C→(3)
　　B→(4)　D→(2)

TASK-2

次の状況で最もふさわしい表現は(1)〜(3)の内どれか考え，表現してみよう。

1 遅刻をした社員に，当然時間は守るようにと上司が注意している。

(1) You'd better come in on time.
(2) You should come in on time.
(3) You have to come in on time.

答　(2)

2 とってもおいしいケーキを焼いたので，友だちにぜひ食べてもらいたい。

(1) You may try a piece.
(2) You must try a piece.
(3) You should try a piece.

答　(2)

3 あすは海に行く予定だったのに，仕事は終わらないし，行ける可能性はほとんどない。

(1) I may not go to the beach.
(2) I shouldn't go to the beach.
(3) I can't go to the beach.

答　(3)

(5) 現在完了形を教えるためのエクササイズ
【指導のポイント】

　現在完了形は，「現在との関連性」と「状態性」を描写する機能を持つということに気づかせる。現在完了形のいろいろな使い方を示すエクササイズ，過去形と現在完了形の違いが分かるエクササイズなどが有効である。

TASK

　(A), (B) のイラストの状況を表す英文を，それぞれ(1), (2)から選び表現してみよう。

1
(1) I saw my old friend this summer.
(2) I've seen my old friend this summer.

A: いまはもう冬
B: まだ夏は終わっていない

答　A→(1)
　　B→(2)

2
(1) It has been snowing for ten days.
(2) It was snowing for ten days.

| A まだ降り続いている | B もうやんでしまった |

答　A→(1)
　　B→(2)

3
(1) Toyota has developed a new car.
(2) Toyota has been developing a new car.

| A 新車は完成した | B 現在も開発中 |

答　A→(1)
　　B→(2)

(6) 冠詞の使い方を教えるためのエクササイズ

【指導のポイント】

　冠詞を使うかどうかではなく，名詞形の違いによってそれが指す対象が異なるということに気づきを与える「a＋名詞」あるいは「ゼロ＋名詞」かは対象の把握のしかたに関すること，そして「the＋名詞」は相手との共有感覚が問題になるということを理解できるようなエクササイズを作成する。

TASK-1

場面に適した名詞形を選びなさい
1. 電話番号を交換手に聞く場面でどの表現が適切か？
Could you tell me the phone number of (1. a Roger Smith　2. Roger Smith　3. the Roger Smith) on Fifth Street?
答
　1 か 2
　a Roger Smith「5番通りにいるロジャースミスという人の電話番号」と

いうことで a Roger Smith ということが多い。これは，他にもロジャースミスという名前の人が存在するという前提を認めた表現。Roger Smith でも可。またよく知っている人でも，わざと距離を置いて「リロイって子に誰か会った？」といいたければ，Have you seen a Leroy? と a Leroy といえばよい。

2.「スイカを食べませんか」と申し出る際にどの表現が適切か？
Would you like to have (1. a watermelon　2. watermelons　3. watermelon) ?
答
3
a watermelon や watermelons だとスイカを丸ごとという意になる。そこで，小さく切ったスイカという想定から watermelon になる。

3.「ピアノを専攻している」という場面でどの表現が適切か？
I'm majoring in (1. a piano　2. the piano　3. piano).
答
3
major in a piano にすると「ある特定のピアノ（楽器）を専ら研究する」という意味合いになる。なお「ピアノを演奏する」だと楽器が問題となるため，play a piano でもよいはずだが，通例は，play the piano という。その理由は，play a piano だと，単一化の作用からピアノの種類が連想されてしまうからである。play the piano だと，〈ピアノがどういうものであるか知っていると思うが，そのピアノというものを演奏する〉くらいの意味。

TASK-2
名詞形の違いによって想定される事態が異なることを理解する。

例:「彼女はギターを弾く」の英訳として以下のものがある。それぞれの文が表す事態を考えてみよう。

1. She plays the guitar.
2. She plays a guitar.
3. She plays guitars.
4. She plays guitar.

答
　一般的には1が答え。ただし,どれも可能性がある。play a guitar だと何か特別のギターを弾くという意味合いがあり,She plays a guitar. といえば,相手が Oh, what kind of guitar does she play? Does she play a special guitar? と聞くだろう。She plays guitars. はいろんな種類のギターを弾くという意味合い。そして,She plays guitar. が使われている実例は以下の通り。

Before I was born, my mum played music with four friends. There's a photograph of them in our living room. Evie, Grace, Angela, Kate and my mum. They were the Sweet Pepper Band, and they played South American music. My mum played guitar.
(私が生まれる前は,お母さんは4人の友達と音楽をやってたの。居間に彼らの写真があるわ。エヴィー,グレース,アンジェラ,ケイト,それにお母さん。彼らは Sweet Pepper Band を組んで,南米音楽をやってたの。お母さんはギターを弾いてたのよ)
[Margaret Johnson (2003) *Different Worlds*. Cambridge University Press. p.6]

ここでは,担当がギターだったという意味合いがある。

(7) 受動態構文を教えるためのエクササイズ
【指導のポイント】
　主体に焦点が当たった状況とそうでない状況を示すことで能動態と受動態のコントラストを示す。能動態を自動的に受動態に変換するというエクササイズは避け,受動態構文が表す事態がどういうものであるかを理解させるこ

とを優先する。

TASK-1

図のペアを比較し，それぞれの図が表す事態を表現するのに適切な英文を選びなさい。

(1)
1. He repaired the car.
2. The car was repaired.

答　A→(2)
　　B→(1)

(2)
1. Police killed many people in the demonstration.
2. Many people were killed in the demonstration.

答　A→(1)
　　B→(2)

(3)
1. The teacher gave us only ten minutes.
2. We were given only ten minutes.

答　A→（2）
　　B→（1）

（8）仮定法を教えるためのエクササイズ
【指導のポイント】
　仮定法は仮想の状況を設定して，あることがどうしたということを表現する手段であることに留意させる。単独で仮定法の文を提示するのではなく，仮定法表現が有効に使える場面を示す。以下の2つはその例である。

TASK-1
　ABC 航空では以下のトラブルが起こったという想定で新入社員の研修を行っている。仮定法を使って対処法を表現してみよう。
《What would you do if this happened?》

1. A passenger has airsickness.（乗客が飛行機に酔った。）
2. A passenger gets drunk and noisy.（乗客が酔って騒ぐ。）
3. A passenger touches you in a rude way.（乗客が不作法にも体にさわって

きた。）

4. A passenger pulls out a gun.（乗客が銃を抜いた。）

答

1. If a passenger had airsickness, I would give him some medicine.

2. If a passenger got drunk and noisy, I would tell him to be quiet.

3. If a passenger touched me in a rude way, I would tell him to stop.

4. If a passenger pulled out a gun, I would try to calm him down.

ここでは，新人研修といった現実味のある場面を設定して，仮定法表現を産出することが大切。

TASK-2

イラストから連想される願望の気持ちを例に従って仮定法で表しなさい。TOOLBOXの単語を利用してください。

例．子供のころ

マンションに住んでいたから犬が飼えなかった

TOOLBOX [live, apartment, keep]

答　If I hadn't lived in an apartment, I could've kept dogs.

1．小学校のころ

背が高くなかったから，もてなかった→もっと背が高かったら，女の子にもてたのに

TOOLBOX [tall, popular with girls]

答　If I had been taller, I would've been popular with girls.

2. 高校生のころ

東京に引っ越したので，友達と離れ離れになってしまった→東京に引っ越さなかったなら，友達と離れ離れにならなくてすんだのに

TOOLBOX [move, separate from friends]

答　If I hadn't moved to Tokyo, I wouldn't have been separated from my friends.

3. 大学生のころ

お金がなかったから世界を旅行できなかった→お金が十分にあったら，世界中を旅行できたのに

TOOLBOX [enough money, travel, world]

答　If I'd had enough money, I could've traveled all over the world.

4. サラリーマンの今

もっといい仕事を見つけるために，英語でも勉強するか→英語を学べば，もっといい仕事が見つかるかもしれない

TOOLBOX [learn English, get, a better job]

答　If I learned English, I might be able to get a better job.

5.遠い未来
ギネスブックに載るにはあと100年生きないと→あと100年生きればギネスブックに載るだろう

TOOLBOX [live, on Guinness Book of Records]
答　If I were to live a hundred more years, I would be in the Guinness Book of Records.

仮想的な状況を設定して表現する方法を教えるのには，過去，現在，未来と視点を移動させながら物語を作らせるという方法が有効である。

(9)分詞構文を指導するためのエクササイズ
【指導のポイント】
　分詞構文は，ある連続的な動きのある状況を差し出して，そして「どうした」と語る表現の仕方であることを理解させる。臨場感を出すため，ある目撃談を電話などで報告するというやり方が効果的だろう。実況中継というのは，同じ形式を反復しても，単純な機械的な作業にならないところに，そのよさがある。接続関係を接続詞で明示しないところに分詞構文の特徴があり，分詞構文と主節の意味的関係は文脈によって決まるということに気づかせる。

TASK
　以下では，怪しい人物の尾行をしながら，逐一，携帯電話で依頼者に行動の報告をする。ここでは，分詞構文を使わない表現で行動が表現されている

が，その表現を参考にしながら，分詞構文を使った表現で報告をしてみよう。

(1)ホテルを出るときに，黒いスーツと帽子を着用していた

When he left the hotel, he was wearing a black suit and a hat.
[Leaving the hotel], he was wearing a black suit and a hat.

(2)道路を横断すると，ホットドッグと新聞を購入した

He crossed the street and bought a hot dog and a newspaper
[Crossing the street], he bought a hot dog and a newspaper.

(3)新聞を読みながら，72丁目をセントラルパークに向けて歩き始めた

While he looked through the paper, he started walking down 72nd Street to Central Park.
[Looking through the paper], he started walking down 72nd Street to Central Park.

(4)公園のベンチに座って，ホットドッグを食べた

He was sitting on a park bench. He ate a hot dog.
[Sitting on a park bench], he ate a hot dog.

（5）公園を出ると，6番街をロックフェラーセンターに向かって歩いた

He left the park and walked down 6ᵗʰ Avenue to Rockfeller Center.
[Leaving the park], he walked down 6ᵗʰ Avenue to Rockfeller Center.

（6）通りを歩いていると，突然銀行の前で立ち止まった

When he was walking down the street, he suddenly stopped outside a bank.
[Walking down the street], he suddenly stopped outside a bank.

(7) そこに立ちながら，何度か空を見上げた

When he was standing there, he looked up at the sky several times.
[Standing there], he looked up at the sky several times.

(8) 10分待って，電話ボックスに入る

After he had waited ten minutes, he went into a telephone booth.
[Having waited ten minutes], he went into a telephone booth.

(9)電話をしながら，我々のほうをチラッと見る

While he was making a call, he glanced at us.
[Making a call], he glanced at us.

(10)道路に走り出て，タクシーを止め，乗り込んだ。ここで見失なった

He ran into the street. He stopped a cab and got into it. And I lost him here.
[Running into the street], he stopped a cab and got into it. And I lost him here.

第4章
チャンキング・メソッド——会話と読解

4.1. はじめに

　近年，コミュニケーションあるいは会話（conversation）を重視した英語教育が強調されるようになり，従来型の文法指導の意義が問われるようになってきた。われわれも，文法への偏重が英語による会話実践を阻害する要因になりうるということ，このことは認めなければならないと考える。ある英語表現が正しい英語かどうかを決定するのが文法であるという考え方——すなわち「規範的文法」の考え方——が強調されすぎれば，「文法的正しさ」を意識しすぎることになり，それがひいては，学習者が自由闊達に英語を使用しようとする際に「縛り」となるという可能性が想定されうるからである。

　文法が言語規範の拠り所であるという見方それ自体からは，さほど重大な問題は見えてこないかもしれない。だがしかし，言語使用の規範の拠り所をどこに求めるかを改めて問うてみると，問題が顕在化してくる。すなわち，通常，文法規範は，「文章英語」とそれを構成する「文—文法」に依拠して記述される傾向が見られる。すると，「文法的に正しい英語」とは「文—文法」的に見て正しい英文のことをいう，という考え方が生まれる。だが，結論を先に述べておくと，「文—文法」が自然な日常会話の実相を反映しているという保証はないし，しかも「文—文法」的な正しさは，自然な日常会話の文法性を記述するには，強力すぎる制約となるのである。英語でコミュニケーションをするという際，このことをしっかりと押えておく必要がある。

　最近，中学校で使用される英語教科書は会話を重視したものになっている。しかし，会話文においてどういった言語素材が用いられているかが問題である。

　ある中学校の英語検定教科書に以下のようなやりとりがある。

【リーと由紀は山田さんの車いすを押しています】
Li : A lot of things are blocking the wheelchair on this street.（たくさんのものがこの道で車椅子の行く手を阻んでいます。）
Yuki : That's true. We never notice them when we're walking.（ほんとうですね。歩いているときには，そういったものに気づくことがないのに。）
Mr. Yamada : Be careful. That bicycle is in the way.（気をつけて！あの自転車が邪魔しているよ。）
Yuki : Yes. Some streets are all right for wheelchairs, but some are not. I think this street is too narrow.（そうですね。道路によっては車椅子にとって問題ないところもあれば，そうでないところもあります。この道路は狭すぎると思います。）
Li : I agree.（その通りだと思います。）

　ここでは，場面の設定にやや不自然さがある。場面は日本の道路での遣り取りであると想定されるが，なぜ英語を話しているのか，また老人の山田さんはどうして流暢な英語が話せるのか，といった疑問が会話の場面の不自然さにむすびついている。こうした場面の不自然さが英語を使うための差し迫った必要性（urgent need）を下げる原因となることがある。さて，ここで特に注目したいのは会話に使われている英文そのものである。どれをとっても文法的に正しい文によって構成されている。これは「教科書的配慮」によるものだろう。がしかし，結果としては，英語教育の目的である「会話力の向上」を阻害しうる要因となる可能性があるということは指摘しておきたい。なぜなら「文」を意識すると，認知的負荷が高くなるだけでなく，そもそも「会話の自然な態度」とフィットしない言語活動になるからである。例えば，日本人 Yuki の発話である "Yes. Some streets are all right for wheelchairs, but some are not. I think this street is too narrow." など路上での何気ない遣り取りとしては中学生らしくない言い方といえるかもしれない。いずれにせよ，ここでの英文は，文法的過ぎるという意味において，実際の言語使用のありようを反映しているとはいえない。このことは他の教科書にお

いても基本的に同じである。
　実際の言語使用のありようとはどういったものだろうか。参考として，以下の遣り取りを比べてみよう。これは英語を母語にする人同士の実際の会話例である。「待ち合わせ」についての話で盛り上がり，「時間の感覚には男女差があるのではないか」という話に展開している。

J : What, what about you, Alison? Are you, I mean, you're the only female here. (どう，どうなんだ，アリソン？　君の場合は，つまり，ここでは女性は君だけだから（聞いているだけど）。)
D : Oh, that's right. (そうだね。)
A : Yup. (うん。)
J : Are, so are you, are you like most, most of the people that I date, most of the people, the girls that I go out with and, and a lot of my girlfriends. (ということで，君は，君は他の人たちのように，僕が付き合った人のたいていがそうなんだけど，たいていのひとがね，ぼくが付き合う女性の，で，たくさんのガールフレンドが…)
D : How many is that? (どれぐらいいたんだい？)
J : No. My girlfriends … (いや，ぼくのガールフレンド…)
D : OK. (いいよ（本当のこと言って）。)
J : Friends. I mean real friends, um, they're usually late. I mean, is that kind of a female thing or is that … (友達さ，本当に友達なんだけど，どういうか，彼らはたいて遅れてきてね，つまり，それは女性に特有のなんというか…)
D : Yeah, what is the story? (実際，どうなんだい？)
A : I think it is more of a female thing, but myself, I hate being late because I hate waiting for other people. (私が思うにそれはどちらかといえば女性特有かな，でも，私自身は，私は遅れるのは嫌なんだ，というのは，私が他の人を待っているのって嫌いなんだもん。)
D&J : Yeah. Hmm. (うん，そーか。)

A : And I don't want to put other people through that, so. And I think possibly because of the industry we're in, if you're late for a job, it just doesn't cut it at all. (で，私も他の人にもそういう経験をさせたくないのよ。それにたぶん，私たちがかかわっている仕事にもよるかな，もしある仕事に遅れれば，まったくどうしようもないからね。)

D : Yeah. True. (うん，そうだね。)

　ここでは，言い直し，ためらい，言い換え，繰り返しなどといった試行錯誤の「跡（trace）」がそのまま表現されている。And I think possibly because of the industry we're in, if you're late for a job, it just doesn't cut it at all. の部分は，前の発話との繋がりがあり，「教科書」的な英文にすれば，I don't want to put other people through that, possibly because of the industry we're in. If you're late for a job, it just doesn't cut it at all. となるだろうが，これだとＡの意図と異なることになる。これが日常会話の実相である。つまり，日常会話は文の連鎖としてではなく，断片の連鎖によって展開されるのである。この帰結が正しければ，これまで通りの文法観を維持しつつ，「文法を学び，それにしたがって英語を使う」という考え方を推し進めれば，当然のこととして無理が生じる。というのは，文は日常言語による表現の手段ではないにもかかわらず，学習者は「文─文法」の規範に整合するような文を構成することに囚われることになるからである。だが同時に，言語の働き方を整序する働きをするのが文法であるという見解を採用するならば，文法を備えていない言語は存在しない，ということも事実である。

　そこで，会話指向の英語教育の中に文法をうまく位置づけるには，文法観について再考をする必要が出てくる。その場合になすべきことは，まず，日常言語の文法性を実証的な見地から明らかにすることである。そこで，ここでの狙いは，日常会話では，文法的規範は「文─文法」が要請するほど強くないこと，そして「文─文法」が会話における言語使用を説明するものではないということ，このことを会話資料に依拠しながら明らかにすることである。

4.2. 「文連鎖」と「断片連鎖」

「文」という単位で見る限りにおいて，文形成における規範が破られれば，そこには「逸脱（deviation）」というレッテルが貼られることになる。言語表現は一定の文法の規則にしたがって行われ，談話は文の連鎖によって構成される，というのが「文―文法」的な見方だからである。しかし，日常言語の発話現場では，隠喩的に言えば，結合軸に沿って展開する言語情報の流れは，会話を組み立てる当事者にとっては，決してなだらかで予定調和的な流れではなく，言い淀み，軌道修正，繰り返し，割り込みなどの偶発性をはらむ流れである。しかも，これが日常言語の自然な流れなのである。してみると，試行錯誤を孕みつつも，会話の流れをつくり，流れに乗り，流れを変えるというプロセスを通して意味を協働編成する能力，これが会話能力ということになる。そして，参加者の協働（joint action）によって編成される日常会話のテクストは，文の連結によって編まれるのではなく，何か別のもの――ここで「断片」と仮に呼ぶもの――によって紡ぎ出されるのである。

実際，何かを話そうとした場合，完全な文がいきなり浮かんでくることはなく，むしろ表現断片が呼び起こされ，それに新たな表現断片を先行断片に連鎖化させることで，言いたいことを表現する。これが日常言語での表現プロセスである。ここでいう「表現断片」のことを，「表現チャンク」あるいは単に「チャンク（chunk）」と呼び，そしてそれが別のチャンクを呼び起こすという連鎖反応のことを「チャンキング（chunking）」と呼ぶことにしたい。

さてここで，チャンキングの具体例を見てみよう。以下の例は，賭博に対する米国州政府の対応の仕方について話している場面の一駒である。

In the States, when they first started lottery and a lot of the states were saying, "No, no, no, we don't allow gambling. You can't gamble," and they changed the law because they realized how much money the state could make.

この発話をチャンクに分節——「チャンキング分析」と呼ぶ——すると，次のようになる。

　　[In the States],〔米国では〕
　　[when they first started lottery]〔彼らが宝くじを始めたときは〕
　　[and a lot of the states were saying],〔多くの州で言っていたよ〕
　　["No, no, no, we don't allow gambling.]〔だめだめ。賭博は認めない〕
　　[You can't gamble],"〔賭博はしちゃいけないんだ，と〕
　　[and they changed the law]〔といっておきながら，法律改定をしたのさ〕
　　[because they realized]〔というのは彼らも分かったんだね〕
　　[how much money the state could make].〔どれぐらい儲かるかってことが〕

　ここでは，when they first started lottery の箇所に着目してみよう。この発話では，この従属節を閉じるための主節がすぐには導入されず, そのまま and a lot of the states were saying ...と，意味的には関連しているものの文法的には無関係なチャンクが導入されている。すなわち, when they first started lottery and a lot of the states were saying は，形式的には「従属節＋主節」の関係にない。これはチャンキングがいわゆる「文—文法」の規範を「逸脱」する例である。a lot of states were saying ...と述べてそれを連鎖反応的に受けて and they changed the law と述べ立てる。ここでの and は「そんなことを言っていたくせに」という先行チャンクの内容と意味的に関連づける機能を持つ。そして，法律の改訂がなぜ行われたのかについての説明が because 節で導入されている。
　このように，あるチャンクが別のチャンクを連鎖反応的に呼び起こし，意味的にまとまりのある流れを形成していく。この日常の言語活動ではごくありふれたチャンキングのプロセスのことを，意味内容の纏まりを指向するという意味合いで「全体化」と呼ぶことができよう。だが，全体化のプロセスで導入される個々のチャンクは全体の「部分」としてではなく，全体を想定しない「断片」としてここでは特徴づける必要がある。その理由は，すでに

述べたように，発語行動においては予定調和的な全体をはじめから想定することができないからである。

　何かを話そうとするとき，言いたいことがある程度決まっていることが確かにある。しかし，それをコトバにし，話し終わったとき，「言いたかったこと」と「言ったこと」がズレているという経験をすることもよくあることである。言いたいことが文の連鎖として脳内で構成され，それを継起的に発語するのであれば，言い終わった時にそうした「ズレ」は経験しないはずである。むしろ，ここでいう「ズレ」は，表現活動が断片としてのチャンク連鎖によって営まれるということの結果なのである。すなわち，あるチャンクにどのチャンクが接続されるかは，話し手の意識作用に依拠しており，偶有性（他でもありえたという可能性）に開かれている。だからこそ，言いたかったことと実際に言ったことを比較してみると，一致しないということが起こるのであり，こういってよければ，チャンキングにおいてチャンク同士の接続を予見する規則などはないのである。

　つまり，日常会話において，私たちは，文を完結するのではなく，チャンキングによって意味の全体化（まとめあげ），あるいは動的均衡を目指すのである。ここでいう「動的均衡」は，暫定的に構成された事態のことである。すなわち，コトバから事態を構成しえたとき，われわれはそのコトバの意味が了解できたと感得するのであり，事態がすなわちコトバの意味である。話し手の側からはコトバへの事態構成が，聞き手の側からはコトバからの事態構成が図られる。そして，事態が構成されるまで，チャンクは断片としての役割を演じる。さらにいうなら，暫定的に構成された事態も，会話が続行する限り，チャンク（＝断片）として差し出され，それが新たなチャンキングの契機になるのである。

　換言するなら，チャンキングのさなかにあって，「意味」は，常に猶予の状態にある。というのは，継起的なチャンク連鎖において，チャンク同士の連鎖化が起こるとき，ひとつの統一化された「意味的全体」が取り出されることはなく，その流れ（全体化）の中で新しい意味が絶えず生産され，意味づけが更新されていくからである。

さらにいうなら，チャンクは，まさにそれが断片であるが故に未完結的であり，偶発的な「事件」をも引き込み，それが日常言語を生産的なものにするのである。日常会話では，参加者同士の「相互参入」によって協働的意味編成が行われるが，相互参入を可能にする条件が断片性である。すなわち，相手のコトバを断片として受け止め，それに自らの断片を連鎖させていく，これが意味の全体化に於ける協働である。

4.3. 発話の単位としてのチャンク

　このように，われわれは，日常会話の言語的特徴として断片性を挙げ，談話（ここでは「日常会話」）の流れは文連鎖というよりも，むしろ断片連鎖（「チャンクの連鎖化」あるいは「チャンキング」）として捉えるべきである，という主張を行った。すなわち，われわれは，日常会話における発話の単位は，文ではなくチャンクであると見なす。

　誤解がないように付け添えておけば，「文」が大切ではない，と言いたいのではない。日常会話において文はあくまでも表現の「結果」であって，表現の「手段」ではない，というのがここでの論点である。つまり，ある纏まりのある事態をコトバで構成しようとすれば，結果として文が形成されるということになるのである。ただし，ここで大切なのは，発語行動において私たちは，文を意識しているのではなく，あくまでも意味（＝事態）の編成に関心があるということ，そして意味編成はチャンクの連鎖によって行われるということ，の二点である。だが，「チャンク」の身分をどう規定すればよいだろうか。

　厳密にいえば，「チャンク」という用語には二重の意味合いがある。その1つは表現としてのチャンク（「表現チャンク」）であり，もう1つは意味としてのチャンク（「意味チャンク」）である。心理言語学の分野で「チャンク」という概念を導入したG. Millerは，人間が一度に情報処理することのできる情報の単位（「情報の塊」）としてそれを規定し，有名な"7±2"（5から9の範囲）という数値を割り出した。言語分析にチャンク概念を援用する際にも，この「情報の塊」という概念を利用することができよう。す

ると，次のようにいうことができる。すなわち，表現チャンク（音の配列あるいは文字の配列）は知覚情報の塊，意味チャンクは意味情報の塊であり，表現チャンクと意味チャンクとは相互構成的な関係にある，と。だとすると，筆者らがここで注目している表現チャンクは意味チャンクを確保する単位であるということになり，それは，差し当たり２つの基準によって規定されうるように思われる。

A. 言語単位による基準：句と節はチャンクである。
B. 慣用性による基準：慣用化された表現はチャンクである。

例えば，I didn't go there because I was sick. では，Aの基準にしたがえば，I didn't go there と because I was sick は節チャンクである。また，In the morning, I saw three balloons up in the air. の in the morning だとか up in the air などは句チャンクと見なされる。Bの慣用化された表現とは，例えば I'd appreciate it if you could ... だとか Why don't you ... などのことを指す。つまり，前者からは「依頼」の意図が，後者からは「提案」の意図が読みとられる。しかし，日常会話でのチャンクの画定は，上記の２つの条件で説明し尽くすことができない。そこでわれわれは，「息継ぎ（pause）」をチャンクの境界設定の条件と見なす。すなわち，息継ぎが行われる箇所がチャンクの境界である。

　息継ぎは発語行為における生理的制約であるが，通常，息継ぎは意味の纏まりが壊れるところでは行われない。すると，息継ぎによるチャンク画定は上記の２つの条件をも包含するものである。だが，同時に，息継ぎによるチャンク画定のやり方は，句・節あるいは慣用表現という言語単位に限定されないという自由度を許容するものでもある。以下では，会話のありようを把握するため，実際の会話例を取り上げ，息継ぎによるチャンクをスラッシュで示している。

A: Well／what did you do, for example?／I mean,／I'm／... really curious.

(あの,例えばさあ,どんなことをしたの？ つまりぼく,本当に聞きたいな。)

B : Well, Everyone …／a boy would send you a corsage／… and you would wear it.／And I didn't like the guy／who sent me the corsage,／so I threw it in the waste basket. (みんなが,男の子が女の子にコサージュを送るのね,それで女の子はそれを付けるというわけ。でも,私はその男の子のことを好きじゃなかったの。私にコサージュを送った子のことをね。それで,ゴミ箱に捨てちゃったのよ。)

C : Oh … (それで)

B : No,／this has haunted me for a long time,／because he didn't have a lot of money.／He didn't come from a,／you know,／that kind of situation.／And he was a really nice guy／… and he just wasn't with my crowd,／you know that kind of thinking?／And then at the end of the day／he came up to me and he said,／"Didn't you get the corsage I sent you?" (いや,このことが長いあいだ気になっちゃって,というのは,彼はお金あまり持ってなかったの。彼の出身は,どういうか,そういう状況って,分かるでしょ。本当にいい人だったのね。だったんだけど,(出身が)私たちとは違ってた。ね,分かるでしょう？ それでね,帰る頃になって,彼が私のところにやって来て,言ったのよ。「ぼくが送ったコサージュを受け取らなかったの？」って)

C : What did you say? (あなた,どう答えたの？)

B : I said no. (いいえ,と言ったわ。)

C : That's a good way to handle it. (それはうまいやり方ね。)

B : And then／I looked at his face,／and I thought,／really／… I／… it's something that just／… I would love to apologize,／because … you know,／it was／… it's just something,／I thought,／why am I／… it was just a really wonderful thing that he did. (それからね,彼の顔を見たの。で思ったのよ,本当に,私って,それはただ,できることなら謝りたい気持ちだわ。なぜって,分かるでしょう,それはただ,私思ったのよ。なんで

私って。彼がしてくれたのは，本当はすばらしいことだったのにね）
注：息継ぎの箇所を（／）で示す。

　この会話はある女性が高校生時代のことを回想しながら，ある男子学生に申し訳ないことをしたと，告白しているものである。ここでは，過去のことと未来のことが交差し，なかなか思いを纏めることができず，断片としてのチャンクを連鎖させながら意味を編成していく様子が見事に描かれている。ここで確認しておきたいのは，息継ぎは，節や句あるいは慣用表現の単位に限定されないということである。通常は，息継ぎは意味のまとまりを壊さないように行われるが，その限りではない。特に，He didn't come from a, you know, that kind of situation. の箇所では，come from a poor family とでも言いたいところだけれども，poor という語を使用するにはためらいがあり，そこでそれを回避するため，不定冠詞の後で息継ぎをし，you know を差し挟んで，聴者にそこのところを補うように差し向けている。

　最後のBの発話をチャンキング分析すれば，次ページの図——これを「チャンキング・チャート」と呼ぶ——のようになる。

　過去の気持ちと現在の思いが，交互に去来し，心の中に浮かんだことをその場で即表現しようとする様子を読み取ることができよう。ここでは，線上を文の連鎖として流れるのではなく，むしろ，断片をうまく連鎖させながら，試行錯誤を伴う言語表現の姿がうまく示されている。

　さて，われわれは，チャンク単位の画定基準を「息継ぎ」に求め，談話連鎖の構成の際に，you know や well などの「談話標識（discourse markers）」が重要な役割を演じるという考え方を採用する。日常会話では談話標識は，意味編成における試行錯誤のマーカーであることが多い。一方，編集済みの文書では，談話標識は論理展開（logic）のマーカーである。

　再度強調しているように，チャンクの断片連鎖によって意味が紡ぎ出されていくという見解を受け入れると，日常会話においては，「文—文法」の規範の縛りはそれほど強くない，ということになるが，以下ではこのことを具体的に見ていくため，because の事例を通して，日常言語の文法性について

【実際の会話例からの引用】

[①And then I looked at his face], [②and I thought, really ... I－] [③it's something that just－] [④I would love to apologize], [⑤because －you know, it was－] [⑥it's just something], [⑦I thought, why am I －] [⑧it was just a really wonderful thing that he did].

過去 ◀――――▶ 現在

話を導入する
①And then I looked at his face,
(それで彼の顔を見たら)

そのときの気持ちを表現しようとするが，別の気持ちがよぎり，途中で放棄
②and I thought, really ... I－
(もう，なんていうか)

現在の思いを表現しようとするが，情報を組み立てきれない
③it's something that just－
(これだけは)

かろうじて，当時の行動についての現在の考えをまとめる
④I would love to apologize,
(できることならあやまりたいと思うわよね)

④の理由を述べようとするが，⑥が頭に浮かび，やめる
⑤because you know, it was－
(だって)

再び彼に対する現在の罪の意識が心をよぎる
⑥it's just something,
(そんなことしちゃったなんて)

また、当時の気持ちを思い起こそうとするが、まとまらない
⑦I thought, why am I－
(思ったわよ，どうして私って)

彼に対して罪の意識を抱いた理由を現時点で分析する
⑧it was just a really wonderful thing that he did.
(彼がしてくれたことは，本当にありがたいのにね)

4.4. because を事例として

本節では,接続詞の because に着目し,そのチャンキングの際の役割についての考察を行っていきたい。品詞上,because は「従属接続詞」に分類され,従属節あるいは副詞節を導入する働きを持つ。標準的な文法的説明によれば,従属節は主節に係り,文の構成要素とみなされる。しかし,日常会話における because は,この標準的な文法の規範にしたがうだろうか。これがここで注目したい点である。

副詞節に関してはすでのいくつかの研究例が見られるが,会話におけるその役割を日常会話データを用いて最も体系的に研究したのは,おそらく Ford (1993) であろう。Ford が資料にしたのは,13件の会話であり,それには電話によるおしゃべり,ピクニックでビールを飲みながらの会話,夕食時の会話などが含まれている。会話資料の語数は示されていないが,時間にして約109分に及ぶ。Ford は,副詞節を取り出す際の条件として,(1)主語と動詞を含む節,(2)接続詞の存在,(3)主語や目的語以外の位置,の3つを設け,総計で194の副詞節を抽出し,それを種類別に時間 (temporal),条件 (conditional),原因 (causal),譲歩 (concessive) の4つのカテゴリーに分類し,主節との位置関係———'clause-initial position'〔I 位置〕と 'clause-final position'〔F 位置〕との関係———を考慮し,次の結果を得た。

表1 副詞節の種類と位置の分布

	時間	条件	原因	譲歩	総計
I 位置	21	26	—	1	48 (25%)
F 位置	40	18	75	2	135 (69%)
主節なし	2	8	1	—	11 (6%)
総計	63	52	76	3	194

(Ford 1993, 23)

because 節は76例が観察されており,全体の39%を占めている。位置的に

は，I 位置の because は一例もなく，それは if による条件節が I 位置を選好する傾向と対照的である。

　Ford によると，because 節の意味的特徴は，F 位置に現れる副詞節の一般傾向に準ずる。すなわち，（1）音調が途切れず連続的な場合は，先行する主節の説明――because の場合，「理由・原因」に関する説明――を行う，（2）音調的に切れる場合は，先行主節に関する「思いつき的な情報追加（afterthought）」を行う，という傾向である。

　さて，以下では，われわれも独自のデータを使い，because 節に注目することで，日常会話は文―文法に従うのではなく，チャンクを単位とするチャンキングという考え方を重視する文法観が重要であることを支持する議論を行いたい。

4.4.1. CHATDATA に見られる副詞節

　ここで用いる日常会話資料（CHATDATA）は，約3万5千語から成る会話を収録したものである。インフォーマントは20代と30代の英語の母語話者で，29種類の話題について，一度に，3，4名のインフォーマントが即興で「おしゃべり（chatting）」を行ったものを録音し，それを筆耕し，分析はコンピュータを使って行った（なお，録音と筆耕は出版社アルクで行われたものである）。副詞節の取り出しの基準としては，上で述べた Ford の3つの基準を用い，because／'cause 節として179例を得た。I 位置と F 位置への生起率は4対190の比率で，圧倒的に F 位置が優勢であった。179例という数が頻度的にどういう意味合いを持つかという点について，参考までに日常言語でよく使われる接続詞 when と if，それに談話標識 you know と I mean との比較データを下に挙げておく。

because	when	if	you know	I mean
179	134	121	194	90

この比較から，日常会話において，because の生起率はかなり高いといえそうである。では，because はどういう役割を担っているのであろうか。

4.4.2. because 節の役割

　上記の通り，because 節はもっぱら F 位置に現れるが，それはどういう機能を担っているのだろうか。because の語彙的意味は「理由・原因」を表し「何故ならば」と訳されるのがふつうである。つまり，Why?に促されて because が動機づけられるというのがその基本的パターンと見なされる（ちなみに，because は語源的に bi cause (by cause) が合成された語である）。とすると，because を導入する背後に，"The reason why...is because" という先行チャンクに言及する構造が心的な構えとしてある，と仮定される。下の文章はその一例である。

> ... and I think that's a form of fortune telling but they would not call it fortune telling *because* I think that sort of cheapens the concept, you know.
> （…で，それは占いの 1 つだと思うんだ，でも彼らはそれを占いとは呼ばないんだよ，というのはそういう呼び方は概念を安っぽいものにしてしまうからなんだろうね。）

つまり，この because は，先行する発話の「理由づけ」として下のように解釈することができる。

> ... but they wouldn't call it fortune telling [the reason why [they wouldn't call it fortune telling] is] because ...

いうまでもなく，ここでは自発的な Why?――自ら why 疑問を発する――を契機に because が導入されている。ところが，次の例はどうか。

> I read this very interesting article, *because* it was talking about the aluminum bats, and it said that this Japanese baseball team went to America, or the owner went and he wanted to buy some baseball bats and they were trying all these different aluminum baseball bats and his criterion for which bat he wanted was the sound.
> （とても面白い記事を読んだよ，「とてもおもしろい」というのは，その記事は

アルミのバットについてのやつで，それによると，日本の野球チームがアメリカに行って，オーナーが行ったんだけど，それで彼は野球のバットを買いたかったわけ，それで，いろんなバットを試してみたんだけど，その基準というのが音だった，という話なんだよ。)

　この発話では，because の契機になるのは，very interesting という形容詞であり，I read this very interesting article という主節全体ではない。そこで，"The reason why ... is because"ではなく "I say [this] because"的な解釈が妥当となる。すなわち，I read this very interesting article, "I say 'very interesting' because ..." という解釈がそれである。

　言語的な手がかりとして，Why?という相手の質問に触発されて because を導入している例は，CHATDATA において 3 例しか見られず，圧倒的多数の例は，発話者が自らの発話に対して，自発的に導入している。これは，because によって，先行する発話内容を「正当化」する意図として読みとることができよう。すなわち，"The reason why ... is because" も "I say [this] because" も同様に，話者の「正当化 (justification)」への志向性の現れとみなすことができる。

　Schiffrin (1987) は，because の意味機能を "causal relation"（因果関係）の表示ということに求めている。しかし，彼女のいう "causal relation"は，一義的ではなく，次の3種類が明らかにされている。

（1）事実的関係（a fact-based causal relation）
　　the cause/result relation
（2）知識的関係（a knowledge-based causal relation）
　　the warrant/inference relation
（3）行為的関係（an action-based causal relation）
　　the motive/action relation

　個々の因果的関係の説明を行うにあたり Schiffrin は，次の例文を示している。

（1）John is home because he is sick.（ジョンは病気なので家にいる。）
（2）John is home because the lights are burning.（ジョンは家にいる。というのは明りがついているからだ。）
（3）Is John home? Because the lights are burning.（ジョンは家にいるの？というのは明りがついているので。）

（1）の because he is sick と John is home の関係は原因と結果の事実関係にあり，"The reason why [John is home] is because he is sick" と解釈することができる。しかし，（2）の場合は，because the lights are burning が John is home という推測を行う際の根拠になっているだけであり，"I say [John is home] because the lights are burning" と解釈するのが適切であろう。同様に，（3）の Is John home? は，情報を求める言語行為の遂行であり，それを正当化するのに Because the lights are burning. が導入されている。したがって，"I ask [Is John home] because the lights are burning" と解釈するのが妥当であろう。

しかし，"causal relation" を三重の意味合いに解釈するこの Schiffrin の枠組みで，すべての because の事例を説明しようとすると限界がある。because は，それに先立つチャンクがトリガ〔trigger：ここでは，チャンク連鎖を契機づける要素のこと〕になるが，because によって導入される意味内容は，トリガーの部分の理由を説明することだけに止まらないからである。すなわち，because は，そのトリガーとのゆるやかな因果的な関連性を保ちつつも，かなり柔軟な意味展開を可能にするスペース（発話空間）を提供する。その結果として，because の意味内容とそのトリガーとの関係が確定できない場合が発生することがある。

I've been finding that, recently I've met a lot of people who had a lot of, what is it, um, memories of how Japan has changed and a lot of things that I find really fascinating, *because* we're not from, I've never experienced war or I've never experienced that kind of hardship. In this United States we have, you know, it was kind of easy …
（いろいろ分かってきたことなんだけど，最近，僕は，いろんな人と出会う機会

があったんだ，彼らは，なんていうか，日本がどんなに変わったか経験した人たちでね，で，ものすごくおもしろいと思うことがたくさんあるんだ，というのは，ぼくらは，どういうか，ぼくは，戦争の経験がないんだよね，つまり，苦難といったものを経験してないわけだよ。アメリカでは，ぼくらは，どういうか，ある種の気楽な…）

　because のトリガーは（I find）really fascinating と思われるが，ここでは，それについて語ることに成功していない。ここでは，because の射程がその節内に留まらず，さらに新たな節をも含みうるという点が示唆されている。because の内容を構成する過程で，言いたいことを言い切ったと判断するまでチャンキングは続行されるが，チャンキングには偶有性があるため，結果としてみれば，because 節の核情報が何であるかを明らかにすることが困難となる場合があるのである。

　because は発話内容の「正当化」に契機づけられるという主張を行ったが，必ずしも「正当化」を根拠にできない場合がある。チャンク連鎖は，意味の全体化へ向けて，情報を追加し，連結する運動であるが，会話という共同作業においては，（1）同じ発話者が情報不足を自ら感じて追加する場合，（2）同じ話し手が相手の反応から情報不足に気づく場合，（3）相手が情報を協力的に追加する場合が考えられる。例えば，ある質問を行ったものの，相手がそれにすぐに反応せず，ポーズが観察されたなら，それは話し手に情報追加の義務を負わせる効果を持つ。これは，「正当化」の例として処理することができる。ところが，下の例のように，会話の流れに参加して，相手が自ら情報を補う場合はどうであろうか。

　A : I love'em. I love'em.（それっていいよね，本当に，いいいよね。）
　B : I think I'll take one back to the States when I finally return, because I've never seen anything like it in another country.（いよいよ帰国ということになれば，アメリカに1つ持ち帰ろうかと思っているのよ，というのはそんなものを他の国で見たことないもの。）
　A : Yeah, that would be great. Do they ... Can you buy them in the States?（うん，それはいい考えだ。向こうでは，アメリカでそれを買うことはできるの？）

B : I don't think so.（無理でしょうね。）
A : That would be great to import.（なら，輸入するというのはスゴイよね。）
C : *Because* most small houses would have one space heater ; and then, of course, the most common way of heating houses in the States is still central, right?（たしかに，こじんまりした家であればたいていヒーターが1つあるけど，もちろん，アメリカで家を温めるやり方といえばいまだに，セントラルヒーティングだもんね。）

　これは日本の「ホカロン」という暖房商品についてのやりとりの一場面である。「ホカロンを米国でも購入できるか」というAの問いに対して，Bは「そうは思わない」と答え，Aがそれを受けて「輸入するといいね」と返す。それに続くCのbecauseによる発言は，この2つの発言を受け，それに説明を行う役割を果たしている。だが，しかし，これは先行する発話内容を正当化するというより，意味の全体化へ向けてCが参入しているだけである。
　ここでの例は，まさに会話というものが相互参入を特徴とする意味の協働編成のプロセスであるということを物語っている。発話がある意味として意味づけられるとは，継起的なチャンク連鎖のさなかにあって，一時的にであれ「断片の関連配置がある事態を構成する」ときである。コトバへの事態構成が行われた時，内容が表現されたわけであり，コトバからの事態構成が行われたとき，表現は解釈されたということになる。becauseはそういった意味づくりの共同作業性を如実に反映した談話標識といえよう。

4.4.3.　becauseの作用域：前方的な意味展開機能
　〈文〉を発話単位とみなす枠組みでは，because節は主節とともに文を構成すると同時に，because節はその文の境界内で情報を完結する。下の例を見てみよう。

A : Let's do autumn.（さあ，秋だ，楽しもう。）
B : Let's do autumn, right. I love autumn〔*because* the leaves are so many different colors and they fall off and you can pick them up and make little things, you know—collages and stuff〕.（そうね，秋を楽しみましょ

う。私，秋がすきなの，というのは，葉っぱがいろんな色を付け，それが落ちると，拾ってかわいらしものをつくれるというか，つまり，コラージュのようなものをね。)

ここでは3つのandはそれぞれ連動しており，結局，最後のcollages and stuffまでをbecauseの作用域に含むことになるだろう。しかし，この全体があらかじめ話者の念頭にあったわけではあるまい。むしろ，チャンク連鎖のさなかで，becauseの作用域が拡大したと考えるのが適切であろう。

I love autumn
〔because the leaves are so many different colors
and they fall off
and you can pick them up
and make little things, you know—collages and stuff〕.

上の発話におけるbecause節内のチャンクはandという連結詞があるため，意味的な関連性を持った全体を節として画定することはわりと容易である。しかし，次の発話はどうだろうか。

A: ... I heard a radio show in an underground radio station back home. They were having virologists saying that〔this cannot possibly come from one virus〕,〔*because* it manifests itself in this kind of disease, that kind of disease, the other kind of disease, and no virus in the world takes up to ten years to ...〕
(国にいたころ，アングラのラジオ番組を聴いていた時のことだけど。ウィルス専門家が出ていて，次のように言っていたんだ。これは1つのウィルスが原因とはとても考えられない，というのは，それはこの病気にも，あの病気にも，また別の病気にも現出しているし，世界中のどのウィルスを取り上げても無理だよ，10年も何ていうか…)
B: incubate. (潜伏するのに，ですね。)

becauseが導入する内容をまとめ上げるためにチャンキングが試行され，その結果として，becauseの作用域の境界は曖昧なものになっている。because枠内の内容が，複数の理由から構成されているわけではない，という点に注目したい。ここでも，becauseが主節に縛られた従属節を構成するという考え方の妥当性が疑問視されることになる。

　becauseは従属節を導く接続詞とされるが，これまで見てきたように，主節に縛られる「従属節」という概念をbecauseに適用するには限界がある。端的にいうなら，becauseは，「主節」との関係において自立性が高い内容を導入する。

　becauseの自立性を勘案すると，soやandなど等位接続詞にむしろ近いといえよう。becauseは正当化のための「発話空間」を確保する役割をするという指摘を行ったが，becauseの直後に従属接続詞が使われる事例が8例も観察された。その内，1例だけを示しておく。

> It's actually good that there are so many of them *because* if you don't like one you can just change the channel.
> （それがたくさんあるというのは実際いいことだよ，というのは，もし見ているチャンネルが気に入らなければ，それを変えればいんだから。）

　即興の意味づくりは，構造的な「乱れ」を伴いがちであるが，ifやwhenと比べ，becauseにおいてその「乱れ」はさらに顕著になる。それは，becauseが要請する「情報的な重み」に起因する。Fordは，because節と他の節との長さを比較し，接続詞以外の語数の平均を計算している。それによると，時間節と条件節はともに平均4語，because節は平均9語となっている。上の議論から明らかなように，どこまでをbecause枠の境界とするかという境界設定の問題があり，単純に統計を出すことは容易ではないが，because節が他の節と較べ構成語が多いという点は，これまでの事例を眺めるだけでも明らかであろう。

　さて，従来のbecause節の研究では，becauseを談話標識としてとらえ，先行する節とのcausal relationを結ぶという点を前提に，causal relationの内容規定，because節と音調との関係を調査してきた。また，作用の方向については，I位置の副詞句は，後続する主節の命題が語られる状況（時間や条件）の設定機能を持つということから前方向へ作用し，F位置の副詞句

は，先行する主節の内容を明瞭化，限定化，正当化するということから，後方向への作用の仕方をするという見解が採られた。F 位置の副詞節の場合，主節との音調的な切れ目がある場合は，「思いつき的内容」の追加情報と見なすという指摘も行われた。

　本稿では，because 節だけに焦点を当て，それをチャンク連鎖という情報連鎖という視点でとらえ直す試みを行った。接続詞としての because はチャンクの画定基準になるという Schiffrin の見解を受け入れ，その作用域とそのトリガーの関係，節内における構造的「乱れ」などの分析を通して，以下の相互に関連した 3 点を明らかにした。

（1）because を使う必要性は，発話者自身が語った内容を正当化する必要性を知覚するか，聞き手の反応によって起こる。"The reason why … is because" と "I say [this] because" が「正当化」の 2 タイプである。
（2）because 節の境界画定は必ずしも容易ではない。それは because は「発話空間」を確保する働きをするが，その空間は比較的自由度の高いチャンキングを可能にするからである。
（3）because による発話内容はそれに先立つチャンク（トリガー）の内容に係っているが，同時に，because 空間内では，かなり自由な意味展開を見せ，主節への従属性は必ずしも保証されない。

　because 節の主節への従属性が必ずしも保証されないという (3) については，次のように説明した。すなわち，チャンク連鎖は意味形成（全体化）の方向で流れていくが，その間に意味の焦点は絶えず動き，それに応じて意味の関連配置構造（configuration）も変容し，その結果として「主節―従節」の関係基盤が崩れる，と。このことは，日常会話の言語では「文―文法」の制約はゆるめられなければならいという本稿での主張の理由にもなっている。すなわち，文は表現の手段ではない。表現の手段はチャンクであり，チャンク同士の予見しえない連鎖を通して，意味が編成されていく。すると，意味が事態として暫定的であれ画定されるまでは，断片連鎖は偶有性に

さらされることになる。その結果として一定の規則に従って文が生成されるという考え方では到底説明できない現象が見られるのである。日常言語では，断片性とチャンキングにおける偶有性こそが，その本質である。言い換えれば，日常言語は決して「文―文法」から逸脱しているのではない。意味の調理場は，文法規則によって支配された整然とした空間ではない。そこでは，断片が断片を呼び起こし，全体化が即興で，しかも共同作業を通して，図られるため，豊かな意味が創発しうる場となるのである。

4.5. チャンキング指導法：会話力，読解力を鍛えるための方法

このように，会話における文法を考える際に，チャンクとチャンキングという発想がとても重要になる。チャンクは，意味の情報としての単位であり，情報単位としては，名詞チャンク，動詞チャンク，副詞チャンクに分かれるが，それぞれのチャンクを形成する力が必要なだけでなく，チャンクを連鎖的に繋ぐチャンキングの重要性を上で強調した。文章の場合は，文の連鎖として特徴づけることができるが，会話の場合には断片連鎖という考えが意味編成の実相を反映している。

そこで，英語教育における応用を考えると，2つある。その1つは，会話力を身につける場合，文連鎖から離れ，断片連鎖としてチャンキングを行うことを自覚すること。これによって，即興で，英文を話す，つまり，意味を編成するとはどういう営みであるかが分かるはずである。それは，文を作るという認知的負荷を下げることにもつながり，気楽に英語を話すことの弾みになるはずである。

もう1つは，結局，文章英語の場合も，チャンキングによって編成されているというとらえ方から生まれる示唆である。会話英語と文章英語とでは，チャンキングにおける試行錯誤をそのまま残すか，編集によって，形を整えるかの違いである。しかし，意味はチャンキングによって編成されるとなると，英文テキストをチャンキング分析することで，読解力を高めることにつながるはずである。これはいわゆるスラッシュ・リーディングというものとは方法論的に異なる新しい読解の指導（学習）につながる。以下では，会話

の場合と文章の場合とを見ていきたい。

4.5.1. チャンキングと会話力

　英文の編成をチャンキングという観点から見ると，いくつかの教育現場での応用が考えられる。まず，言語は時間軸にそって音の連鎖あるいは文字の連鎖として記述されることがあるが，この連鎖をチャンキングとしてみることで，会話ではチャンキングの原理は2つであることがわかる。情報追加の原理と軌道修正の原理がそれである。つまり，断片としてのチャンクを必要なだけ追加させることで言いたいことを言うというのが情報追加の原理である。その場合，断片の連鎖としてチャンキングをとらえることができる。すると，チャンクを繋いでいくプロセスにおいて必要に応じて軌道修正を行う，というのが軌道修正の原理である。

4.5.2. 会話力を鍛えるためのチャンキング指導——音読を中心にして
【方法】
　会話をするための，エクササイズとしては，日常言語が編成されるチャンキングのありようを実際に観察し，それを平面図（チャンキング・チャート）として表現することである。そして，そうして表現された英語のテクストを意味の編成という観点から分析し，それを模倣するというやり方である。そうすることで，気楽に英語を作るとはどういうことかが分かるはずである。

【指導のポイント】
　チャンクの流れに沿って音読をさせる。次に，意味の流れを意識させる。今度は，チャンキングした音声のみを聞かせることで，オンラインで意味処理ができることを実感させる。もう一度，意味を作るプロセスを意識しながら，実感を込めてチャンクの音読をする。

事例 1

You know, I just think, I think, the first is kind of a strange time to make New Year's resolutions, even though officially, it's the start of our calendar, 'cause the winter solstice is in late December, isn't it? which is really, technically, the physical point of the dawning of a new year or the death of an old one.

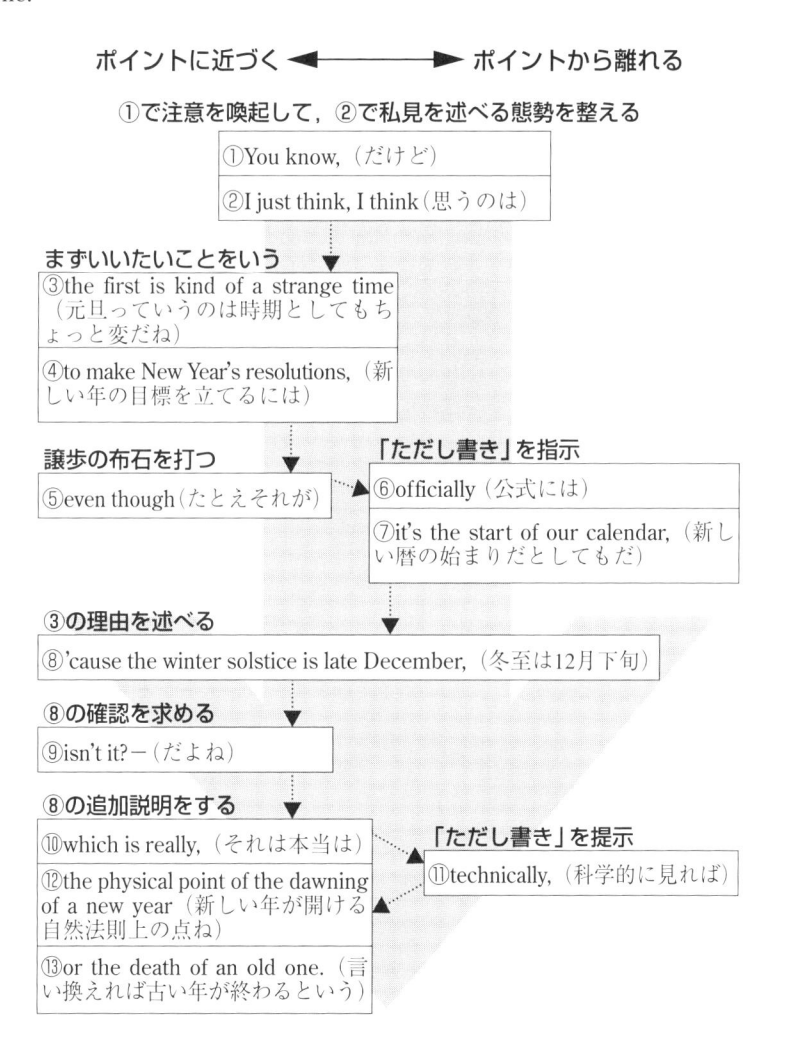

ポイントに近づく ◀――――▶ ポイントから離れる

①で注意を喚起して，②で私見を述べる態勢を整える

- ①You know,（だけど）
- ②I just think, I think（思うのは）

まずいいたいことをいう

- ③the first is kind of a strange time（元旦っていうのは時期としてもちょっと変だね）
- ④to make New Year's resolutions,（新しい年の目標を立てるには）

譲歩の布石を打つ　　　　　　　　**「ただし書き」を指示**

- ⑤even though（たとえそれが）　→　⑥officially（公式には）
- ⑦it's the start of our calendar,（新しい暦の始まりだとしてもだ）

③の理由を述べる

- ⑧'cause the winter solstice is late December,（冬至は12月下旬）

⑧の確認を求める

- ⑨isn't it?―（だよね）

⑧の追加説明をする

- ⑩which is really,（それは本当は）　　**「ただし書き」を提示**
- ⑫the physical point of the dawning of a new year（新しい年が開ける自然法則上の点ね）　　⑪technically,（科学的に見れば）
- ⑬or the death of an old one.（言い換えれば古い年が終わるという）

事例2

I read this very interesting article, because it was talking about the aluminum bats, and it said that this Japanese baseball team went to America, or the owner went and he wanted to buy some baseball bats and they were trying all these different aluminum baseball bats and his criterion for which bat he wanted was the sound.

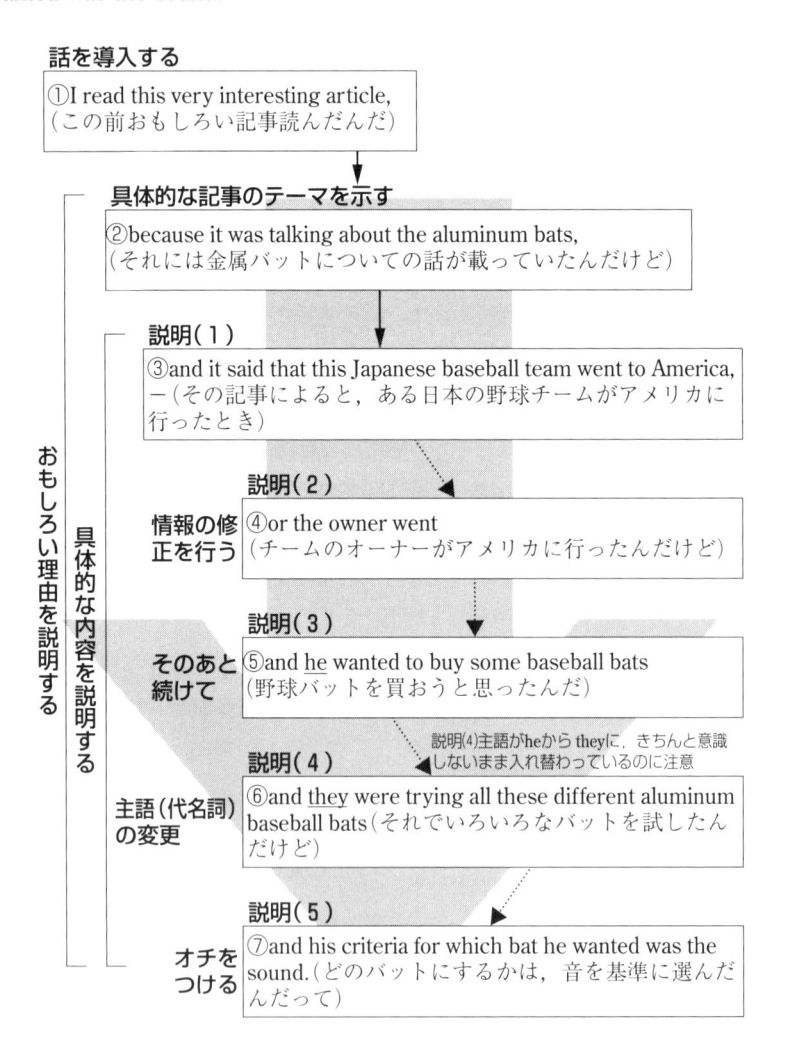

話を導入する
①I read this very interesting article,
(この前おもしろい記事読んだんだ)

具体的な記事のテーマを示す
②because it was talking about the aluminum bats,
(それには金属バットについての話が載っていたんだけど)

説明(1)
③and it said that this Japanese baseball team went to America,
-(その記事によると，ある日本の野球チームがアメリカに行ったとき)

説明(2)
情報の修正を行う
④or the owner went
(チームのオーナーがアメリカに行ったんだけど)

説明(3)
そのあと続けて
⑤and he wanted to buy some baseball bats
(野球バットを買おうと思ったんだ)

説明(4)主語がheからtheyに，きちんと意識しないまま入れ替わっているのに注意

説明(4)
主語(代名詞)の変更
⑥and they were trying all these different aluminum baseball bats (それでいろいろなバットを試したんだけど)

説明(5)
オチをつける
⑦and his criteria for which bat he wanted was the sound.(どのバットにするかは，音を基準に選んだんだって)

（おもしろい理由を説明する / 具体的な内容を説明する）

以上の図は，チャンキングのプロセスを息継ぎによってチャンク単位に確定し——これを chunking analysis（チャンキング分析）と呼ぶ——，どのように意味の編成が行われているかをチャンキング・チャートとして平面図に表示したものである。

4.5.3. 読解力とチャンキング
　さて，チャンキングは読解力を鍛える際にも極めて高い効果が期待できる。長い英文のテクストを読む場合に，テクストを文の集合から成る段落として見せるのではなく，段落内の英文をチャンク単位に分析して示すというやり方がある。読解においてチャンク単位の情報をクローズアップすると，従来のように文中心に捉えていたのとはまったく違った形で，英語の意味編成のプロセスが鮮やかに浮かび上がってくる。

4.5.4. スラッシュ・リーディングとの違い
　一見，チャンクに基づくアプローチはスラッシュを使った方法の延長線上にあるという印象を受けるかもしれない。しかし，両者には本質的な相違がある。その違いを明らかにするために，同一の英文を題材にして，スラッシュによる読み方とチャンキング分析による場合を比較してみよう。最初にスラッシュを入れた英文を以下に示す。

【スラッシュによる読み方】
It is a common, informal observation/that children are "good imitators."// We think of children/typically as imitators and mimics,/and then conclude/that imitation is one of the most important strategies/a child uses in the acquisition of language.//That conclusion is not inaccurate/on a global level.//Indeed,/research has shown/that echoing is a particularly salient strategy/in early language learning,/and an important aspect of early phonological acquisition.//Moreover,/imitation is consonant/with behavioristic principles of language acquisition/— principles relevant,/at least to the earliest stages.//

　上記のようにスラッシュの入った英文は，たしかに，なんの書き込みもな

い英文と比較すれば読みやすいかもしれない。まず，句や節の単位が比較的明確になるし（スラッシュの位置については，一般に，句や節や慣用句を単位とするが，学習の目的や段階に合わせて柔軟に対処する場合もある）。また，スラッシュを左から右へと流れる英語の情報の節目と捉えられれば，直読直解にもある程度資するところがあると言えるかもしれない。

しかし，このように英語の文章にスラッシュを入れるだけでは，おそらく，文を単位とした分析作業に終始するのみで，チャンキングのダイナミズムを実感するのは難しい。というのは，会話とは違って，文章では分析の対象となるテクストが，「文―文法」に収まるよう編集された結果である文の連鎖から成り立っているためである。そもそも，センテンスを理解するための工夫として，それを分解する際にスラッシュを使うのであるから，文単位の情報が起点となっていることには疑いがない。そこで，平均的な学習者の意識の中では，スラッシュで区切られた英文を読もうとするときにも，やはり，文の完結感を前提とするために，あたかも文末のピリオドを確認してから，ようやく意味処理を開始するかのような文の解体作業に注意力の多くが注がれる，ということが起こってしまうのである。そのような状況において，断片連鎖による意味編成のプロセスを実感することが容易でないのは自明のことであろう。

4.5.5. 自然な読解を支援するチャンキング

しかしながら，意味編成は文よりもむしろチャンクを単位として行われるものであり，このことは会話のみならず文章にもあてはまる。だとすれば，文字編集の結果としての文の連鎖よりも，意味編成の過程としてのチャンクの連鎖に焦点をあてた読解のやり方があってよいのではないか。「初めに文ありき」という「文―文法」の規制に縛られて，センテンスの解体作業に終始するのではなく，むしろ，断片連鎖による意味編成の場に立ち返って，音声言語にも文字言語にも相通ずる切り口から，読解力を強化する方法が開発されてしかるべきではないか。われわれは，チャンキングの読解への応用こそが，この要請に応えるものであると考えている。この新しい方法によれ

ば，英語の文章を文単位で捉えていたときには決して見えなかった，ダイナミックな意味づけのプロセスが浮上してくるはずである。では，実際に，上記の英文をチャンキング分析によって提示しなおしてみよう。

【チャンキング分析】

It is a common, informal observation（ごくありふれた日常での観察だ）

that children are "good imitators."（こどもたちが上手な模倣者だということは）

We think of children（我々は子供のことを考える）

typically as imitators and mimics.（典型的には物まねの上手い人として）

and then conclude（で結論づける）

that imitation is one of the most important strategies（模倣は最も重要な方略の1つだと）

a child uses in the acquisition of language（子供が言語の獲得において使用する）

That conclusion is not inaccurate（この結論は間違っているというわけではない）

on a global level.（おおまかな水準でいえば）

Indeed, research has shown（実際，調査は示している）

that echoing is a particularly salient strategy（言葉の繰り返しは特に目立った方略だと）

in early language learning,（初期の言語学習において）

and an important aspect of early phonological acquisition,（そして初期の音韻習得の重要な要素だと）

Moreover,（さらに）

imitation is consonant（模倣は一致している）

with behavioristic principles of language acquisition（言語習得の行動主義原理と）

— principles relevant, at least, to the earliest stages.（少なくとも本当に初期

の段階においては妥当な原理なのだが)

　このように，チャンクごとにクローズアップした形で英文の情報が示されると，まず，読者は長い文字連鎖から解放されることによって，個々の情報単位をスッキリとまたハッキリと把握できるようになる。スッキリというのは，1つの行に1つのチャンクしか示されないために，そのチャンクによって当面の事態を構成しようとする際に，先行または後続する文字情報によって解釈を不要に複雑化されずに済むということ。ハッキリというのは，1つのチャンクに意識が集中する結果，チャンクの形と意味の輪郭が極めて明瞭になるということである。また，チャンク単位を強調する結果，それが完成された文に縛られた句や節としてではなく，今まさにある事態を紡ぎ出しつつある生きた表現断片として感じられるようになる。そして，このチャンクのもつ躍動感は文章にも会話にも通ずるものである，ということもやがて感得されるであろう。
　これらのメリットの大きさは，スラッシュ・リーディングを含む従来型の文中心のアプローチと比較してみると一層明らかになる。英語の文章にスラッシュを入れたとしても，あるいは，和訳を目的とする構文解析でしばしば行われるように，カッコを使って英文を分析したとしても，それが文の連鎖を区切った文字列となってしまうのは原理的に言って止むを得ない。もちろん，たとえば表面的にはスラッシュ入れの作業をしながらも，会話のときと同じように，チャンクの形成とその連鎖を意識して意味編成ができていれば申し分ない。それができれば，外見はいわゆるスラッシュ・リーディングであっても，そこにチャンキングの意義が具わっているということになる。しかしながら，チャンキングという発想を伴わない従来のアプローチでは，文を分析することが崩れざる前提となるために，意味編成の創造的なプロセスを実践することよりも，むしろ，センテンスの解体作業が中心的課題となってしまって，生きた表現断片を実感することは決して容易ではないのである。
　さらに指摘に値するのは，チャンキング分析を読解に応用すると，ローカ

ルな情報単位の把握がスリム化することによって，グローバルなレベルにおける情報処理においてもプラスの効果をもたらすということである。すなわち，英文の情報の流れがより明確にかつ鮮やかに読み取れるようになり，論理展開の予測や情報検索も容易になるのである。上記の英文について言えば，"children are good imitators"という一般的な見解を取り上げ，それを補強する論が展開されるという流れが容易に見て取れるし，また，その補強のポイントとして，調査による結果と行動主義的な理論的裏づけがあるということも速やかに理解されるであろう。

　これらに加えて，日本語の役割についても，チャンキング分析の場合には，積極的な意味を与えることができる。一般に，センテンス中心のアプローチだと，和訳作業は語順などの観点から英語の情報の流れとバッティングを起こして，英語学習者に必要以上に認知的負荷を課してしまう傾向がある。学習者の英語理解力を伸ばすために日本語を使おうとするのにもかかわらず，むしろそれが阻害要因となってしまう場合が多くみられるのである。一方，チャンキングによって意味処理をすれば，情報の流れという観点からみて，英語と日本語の格差がさほど気にならなくなる。むしろ，そうしたチャンク単位の訳出を実践することは，意味編成の仕方としては英語的な発想に近く，英語的に情報を処理することを促進するという効果をもつのである。

4.5.6. チャンキングによる指導法のあり方

　さて，以上挙げてきたような利点をもつチャンキング分析の方法を，教室でリーディングの指導に応用する場合について考えてみよう。たとえば，和訳なしでチャンキング分析のみを載せたシート（チャンキング・チャート）を配布して，まず，チャンク単位の意味処理について説明しながら，不明な語句などについては余白のスペースに書き込みをさせてみる。つぎに，教師がチャンク単位で音読を行うのを生徒に復唱させてみる。また，語彙力の定着をはかるため，チャンキング分析をクローズテスト（空所補充問題）にアレンジして，書き取りまたは口頭でチェックテストを行ってもいいかもしれ

ない。このクローズテストなどでも，チャンク単位でよりクリアに構成された事態をイメージしつつ，空所に入る表現の意味と形を考えるために，文単位で取り組む場合よりも産出が容易になるということも予想される。ただし，この種のテストが功を奏するためにも，チャンキング分析を活用した訓練が十分になされている必要がある。どんな訓練であれ機械的反復になってしまうと興味が失せて，十分な効果が期待できなくなるので，同じ題材を使いながらも，少しずつフォーカスをずらして複数のタイプの訓練をするとよい。たとえば，以下のようなメニューであれば，それぞれのねらいが明確に異なるために，複数のものを続けてやっても，有意味な訓練になって飽きることがないし，結果的に短期間でもそれなりの成果が期待できると思われる。

【チャンキング分析を活用した訓練のバリエーション】
1. CODE-SWITCHING
　　チャンク単位で音読して，訳してみる。
2. MENTAL-REACTION
　　チャンク単位で音読して，（心の中で）内容に反応してみる。
3. SIGHT TRANSLATION
　　チャンク単位で訳をどんどんつないでみる。
4. REPRODUCTION
　　チャンク単位で音読してから，文字を見ないで再現してみる。

　1は，意味処理がちゃんとできていることを確認する段階。ただし，訳語を考えるとしても，センテンスを和訳する場合とは違って，語順の問題や日本語的な言いまわしにはあまりめくじらをたてず，事態構成ができればよしとする。この訓練では，たとえば，生徒を指名してチャンク単位で音読させ，教師がその都度訳を言うというインタラクティブなやり方もある。そうすると生徒は自分では英語を読んでいるだけなのに，一定のテンポで流れてくる日本語に助けられて，意味がよりクリアにつかめるようになる。

2は，英語の情報に対して，理解でとどまらずに反応をも促すための訓練。読むという行為は，一般に考えられているように理解の相だけで終わるものでは決してなく，さらにアクション（応答）の相へと連続している。そのアクションを英語で起こせれば言うことはないのだが，最初からそうはいかない。そこで，日本語で反応を引き出す訓練をするのである。たとえば，生徒を一人指名してチャンクごとに英語で音読してもらって，教師がチャンクごとにその内容に反応してみせる。その反応の仕方は，「なんで?」「たとえば?」などの5W1H系の問いが基本だが，その他にも，「これは一般論だな」とか「次は主張が来るぞ」といったような論の展開についてのコメントであってもよい。さらに，この訓練も慣れてきたらカッコの中に記されているように，教師が英語で反応してみるのも面白い。

【チャンキング分析を活用したリアクションの訓練事例】
生徒：It is a common, informal observation
教師：何が?（What is that observation?）
生徒：that children are "good imitators."
教師：なんで?（Why is that so?）
生徒：We think of children
教師：なんて?（As what?）
生徒：typically as imitators and mimics.
教師：同じこと言ってるぞ（Now you are repeating the same point.）
生徒：and then conclude
教師：どういうふうに?（In what way?／How?）
生徒：that imitation is one of the most important strategies
教師：なんのための?（For what?／In doing what?）
生徒：a child uses in the acquisition of language.
教師：なるほど言語習得のためか（Oh, it's related to language.）

この訓練のメリットは，学習者がチャンクごとに意味処理ができているか

どうかを，教師の反応から逆算してチェックできるということである。また，そういうチェックを繰り返すうちに，読みの過程で構成される事態に対して，常に問いかけを行ったり反応したりする習慣が身につき，さらに，チャンクごとの反応を習慣化する過程で，比較的ローカルな情報展開の予測力までもがそなわっていく。初期の段階では，学習者はなかなか自分の意識の中で，内容理解に基づく問いかけや反応を行うことができない。が，上記のようなインタラクティブな訓練を，日本語もうまく活用しながら行えば，学習者が自習する際に意識の中で起こることを先取りして訓練することができるのである。

　3は，いわゆる同時通訳的なサイトラ（sight translation）——チャンクごとに頭から訳していく方法——だが，ここでのねらいは通訳や翻訳の技術を鍛えることではなく，英語の情報展開の仕方に慣れることであるから，情報処理の単位はかなり短いものも含めてあくまでチャンク単位に限って行う。ここでも，日本語自体の言いまわしにはあまり拘泥しない。また，チャンクの切れ目に対応する部分は柔軟に訳す必要がある場合が多いので，あまり厳密な要求を課さない方がよい。和訳の助けを借りる場合も，あくまで目標言語は英語であり，英語の運用能力を高めるために訳出を行っているということを，まず教師が忘れないようにしたいものである。

　4は，英語での表現力を強化するのがねらい。チャンク単位であれば音声的特長も記憶しやすいので，実際にやってみると思いの外スムースに再現できるようになる。結果的には，複数のチャンクを断片連鎖的に合成して文単位の情報を再現できるところまでいく。いきなり文単位で同じことをやろうとしてもなかなかできないのだが，それはやはり意味編成のプロセスが再現されにくいためであろう。この段階では，英語がもとの表現と厳密に一致していなくても，事態構成につながる表現であればそれを認める，という姿勢が教師に求められる。たとえば，テキストと全然違うことが発話されたとしても，その表現断片からなんとかして事態を構成しようと努めるべきである。そのように対話を機能させようとするポジティブな態度が，学習者にさらなる発話へ向かおうとする動機づけを与えるからである。

以上のようなメニューを，教室でインタラクティブにやったり，個人学習で徹底させたりすれば，同一のチャンキング分析を十分に活用した訓練が可能となる。ここにはすでにスピーキングやリスニングの土台作り的な側面も含まれているが，そのような訓練が可能となるのも，ひとえに意味処理の単位をチャンクで徹底しているためである。従来型の文中心のアプローチでは，音声言語への接続は容易にはできないし，さらに，文単位で捉えると情報提示順の日英格差が顕著になるために，結果としては，訳出に依存しがちな英語学習者の認知的負荷を増大させることになってしまうのである。

4.5.7. 音読訓練の意味

　ここで，改めて，音読訓練が一般にもつ意味について，文中心のアプローチとチャンキング分析を使う場合で比較してみたい。まず，文単位で音読する場合，学習者の意識はどう働いているのだろうか。たいていの場合，文の意味は先に確認しておいて，いざ声に出して読むときには，主に音の連鎖に意識が向けられていると思われる。しかし，その際，音の連鎖がいったいどのように意味の連鎖と対応しているのかは曖昧になりがちである。これは一見大したことではなさそうだが，実は看過しがたい問題である。というのは，これだと英語の音声を口にしていても，その音声と意味編成がうまく噛み合っていない，つまり，思った事を言っているわけではない，ということになってしまうからである。だとすると，何度やっても意味編成の仕方は習得されないし，自由に言葉を使えるようにもならない。自らが発声した表現の断片を他の局面で柔軟に使えるようにもならない。できるようになることと言えば，せいぜい丸暗記した文を機械的に言うことくらいである。これは，さながらオウムがわけもわからず「オハヨー，オハヨー」と言うのと似ている。自覚的に意味編成を行っていないという意味で，この発声行為は，人間が生活の中で営む自然な言語活動とは似て非なるものなのである。このことは，学習者が産物として得られる文の完成度ばかり気にするあまり，その文を結果的に作る素材となる断片を連鎖させつつ，その場で意味を編成しているという自覚がなく，ゆえにそれが実践されていない，ということの必

然的な結果なのである。

　一方，チャンク単位で音読をするときには，それぞれの断片を意味づけしつつポーズをおく。しかし，そのとき読み手はそれぞれのチャンクをバラバラに捉えているのではない。むしろ，先行するチャンキングによって暫定的に構成された事態に，眼前のチャンクを追加して新たな事態へと構成し直して，さらに後続のチャンクをも予測する，という具合に意識が働くのである。これは，まさに学習者が英語で考えながら話す，あるいは，英語を話しながら同時に英語で考えている，ということの原初的な形と言える。これも断片を連鎖的にとらえるからこそ可能になることなのだが，その趣旨で行う訓練としてチャンク単位の音読が生かせるならば，これはすでに会話の予行演習ともなっているだろう。さらに，念のためにつけ加えておくと，チャンク形成のローカルルール——名詞チャンクや動詞チャンクなどチャンクの作り方——は会話でも文章でも共通であるから，チャンク形成とチャンク連鎖の訓練は，「文—文法」によって編集された英文を解釈したり構成したりする能力を伸ばすことにも直結する。

　以上，音読がもつ意味あいについて，文単位の場合とチャンクに注目する場合で比較したが，ここで述べたことは，「今・ここ」の意味処理の実践の有無という点において，読解にチャンキング分析を活用する場合とそれに拠らない他の方法全般の比較にも通ずることと言って差し支えないだろう。

4.5.8. チャンキング分析とスクリプト分析

　さて，これまでチャンキング分析の活用法について見てきたが，これはリーディングの情報処理としては，どちらかと言えばボトムアップの方向になる。従来のセンテンス中心主義の方法と比べれば，これだけでもずいぶん違った効果が期待されることはすでに見た通りだが，これを補完するものとしてトップダウンの情報処理が欠かせないというのもまた事実である。その点を満たすべく，以下にスクリプト分析について示してみたい。スクリプトとは筋書きのことだが，ここでは思考の流れというくらいの意味で捉えておけばよい。スクリプト分析は，すでにチャンキング分析で言及した情報構造

に関してさらに緻密な分析を施して，思考の流れのエッセンスを抽出することによって示される。上にあげた英文にスクリプト分析を施してみると，およそ以下のようになるだろう。

【スクリプト分析】
一般的見解（前提）を示す
It is a common, informal observation that CHILDREN are "good IMITATORS."
We think of CHILDREN typically as IMITATORS and MIMICS,

前提から得られる結論を示す
and *then conclude* that IMITATION is ONE of the MOST IMPORTANT STRATEGIES a child uses in the ACQUISITION of LANGUAGE.

結論に対して一定の評価を与える（譲歩）
That conclusion is not inaccurate on a global level.

譲歩の根拠を示す（調査）
Indeed, research has shown that ECHOING is a particularly salient STRATEGY in early LANGUAGE LEARNING, and an important aspect of early PHONOLOGICAL ACQUISITION.

譲歩の根拠を足す（原理）
Moreover, IMITATION is consonant with BEHAVIORISTIC PRINCIPLES of LANGUAGE ACQUISITION—principles relevant, at least, to the earliest stages.

　この分析から例えば以下のことが見えてくる。全体の流れとしては，以下のようになる。「一般に，子供は模倣が上手く，物まねを言語習得の主な方略としていると考えられている。たしかに，この見解は全く不正確というわけではない。調査の結果や行動主義的原理にも適うものである。」
　もう少し細かく見てみると，まず冒頭で，一般的見解が提示されているこ

とから，これに反する筆者の見解が（ここでは示されていないが）後にいずれ示されるであろうという展開の予測ができる。次に，一般的見解が前提から結論へと向かう中で，「子供の模倣」という広い話題が「言語習得」というジャンルに絞り込まれ，さらに，「模倣が言語習得の最重要な方略の1つだ」という一般的見解の結論に対して「不正確なわけではない」という一定の評価が与えられる。このような評価がなぜ可能かと問えば，次の展開としてその根拠の提示が予測されることになる。すると，その予測に答えるかのように，Indeed 以下で調査の結果が挙げられ，Moreover 以下で行動主義の原理に言及される。しかし，そもそも，「不正確なわけではない」というのは，そこそこの評価に過ぎないものであるから，この評価はむしろ譲歩の布石なのであって，後にそれに反駁するような筆者自身の主張が示されるのではないか，という冒頭でみたのと同じ予測がここでも成り立つことが確認できる。

　上記の例のように，日本語も使って英文の思考の流れを示し，そこに位置づける英語の文字情報についても，たとえば，主に論理展開にかかわる表現をイタリック体にしたり，「子供」「模倣」「言語習得」などの話題に関するキーワードを大文字にしたり，主要な命題に下線を施したりするなどの工夫を凝らすことによって，今分析したような情報の流れをよりクリアに示すことができるはずである。

　このようなスクリプト分析を先に示したチャンキング分析と合わせて活用すれば，トップダウンとボトムアップの双方の視点から，英文の大局的な情報構造と細部の意味編成のプロセスに至るまで，英語の世界をより十全に味わうことができるようになるだろう。たしかに，これらの分析を施すのにはそれなりの労力が要る。しかし，結果としてみれば，文単位の和訳などの，英語コミュニケーション能力の育成という観点からみて，あまり生産的とは言えない作業を無批判に繰り返すという状況を乗り越えて，生きた言語活動の場を教室内に生み出す可能性が開けてくるのではないだろうか。

4.6. 読解におけるタスク

　ここで，reading comprehension tasks においては何が要求されているかを改めて見直しておこう。何かを読むということは，文字から意味を総合的に編成する過程に他ならない。しかし，もう少し精確に言えば，すでに指摘した通り，読むという行為には，理解の相とアクションの相が1つの連続体として含まれており，それぞれの相には以下のような活動が含まれる。

　　【読むという行為】
　　　●理解の相
　　　　内容把握（content construction）
　　　　書き手情況の忖度（empathic projection）
　　　　内容予測（expectancy）
　　　●アクションの相
　　　　報告（reporting）
　　　　言い換え（paraphrasing）
　　　　反応（reacting）

　つまり，英文から内容を構成すること，これは読むということの中心課題である。しかし，内容を構成するだけでなく，人は，読むという行為を通して，書き手（あるいは登場人物）の意図や表情や態度を読み取る。これは，英文から書き手の情況に共感的に自らを投射することで，書き手の思いを忖度することである。これを英語では"empathic projection"と呼ぶことができよう。さらに，人は，何かを読む際に，目が注視している文字にだけ縛られているのではなく，先を予測しながら読みすすめていく。

　内容構成，書き手情況の忖度，内容予測といった3つの行為はすべて理解の相において行われるものである。しかし，読むという行為はその内容に読み手が働きかけるという側面を必ず含む。これは読み手からすれば，アクションの相である。文章を読めば，それが何であるかをできるだけ忠実に報告するということもあれば，自分の言葉で要約したり言い換えたりしなが

ら，内容を再構成することもある。前者の行為を「報告（reporting）」と呼ぶ。何が書いてあったのかと問われ，文章を直接的に引用しながら語るというのがここでいう報告である。一方，後者の行為は「言い換え（paraphrasing）」と呼ばれるが，自分の言葉で再構成するということは，何を中心課題とみなしたか，どの情報が重要と考えたか，等々，が関係してくるため，一言でいえば，その人の読み方を反映する行為となる。さらに，人は読んだ内容に対して，何らかの反応を行うものである。賛同することもあれば，反感を持つこともある。いずれにせよ，反応は読むという行為の一部である。

　上記の英文でいえば，著者は「子どもが模倣者である」という見解についてどういう立場にあるかについて推測することは書き手情況の忖度である。例えば，That conclusion is not inaccurate. という表現を通して，読者は，筆者がこの意見に全くの賛同をしているわけではない，ということを読み取るだろうし，「予測」としては，異なった見解を後に提示するだろうと想定するだろう。また，このテクストを読んで，いくつかの表現を直接引用するかもしれないし，著者の言わんとすることを自分の言葉で要約するだろう。さらに，読者としての立場からこの内容に賛成か反対かの反応も示すことになる。

　いずれにせよ，英語の読解とは，英文を日本文に置き換える作業ではない。英語から意味を構成する行為が読解である。そして，読解力を鍛えるための方法が，チャンキングだといえる。チャンキング学習法を用いれば，線条に並ぶ英語の文字列を情報の単位（チャンク）に分けることで，意味のとらえ方が格段にやさしくなる。チャンク単位の英文を日本語にしていく作業は，翻訳以上の効果をもたらす。それは，直読直解を促すと同時に，英語による意味の編成の仕方が理解できるようになるからである。さらに，チャンキング分析することで，情報の構造（スクリプトの構造）がとらえやすくなり，スクリプト構造を自覚した読みをすることで，論理力を鍛えることにもつながる。チャンキング図を利用しながら，reading comprehension における6つのタスクを生徒に実行させることで，読解の授業から聞き，話すという統合的な授業への展開を容易に図ることができる。

4.6.1. reading から speaking への架け橋

ここで，やさしめの英文を使って，リーディングからスピーキングへの展開例を示してみよう。以下の英文も，段落で提示されるだけでは，何の変哲もないやさしめの英文に過ぎない。ふつうであれば，これを読んで理解すればそれでよしと捉えてしまうかもしれない。

One of the most important things to remember when making a public speech in English is the opening. You should not begin your speech with phrases like "I am no speaker …" "I am not prepared to talk …" or "I have nothing to say …" If you open in this fashion, the audience will think that there is no point in listening further. Rather, you should call attention to the interesting points in your speech. Then the audience will look forward to what you have to say. Be positive, and your listeners will respond positively.

しかし，以下のように，スクリプト分析を通じて情報構造を把握し，チャンキング分析を活用して音読の訓練等をやっていくと，さらにチャレンジングな発話系のタスクへと飛躍を遂げる態勢が整ってくる。

【スクリプト分析】

●話題を設定し，最重要な点を指摘する

One of the MOST IMPORTANT things to remember *when making a public speech in English* is the OPENING.

　●なすべきではないことを示す

　You *should not begin* your speech *with phrases like*
　　　　"I am *no* speaker …"
　　　　"I am *not* prepared to talk …"
　　　　or
　　　　"I have *nothing* to say …"

　　→　その結果（否定的）を述べる
　　　　If you open *in this fashion*, the audience will think that *there*

is no point in listening further.

●なすべきことを示す

Rather, you *should call attention to the interesting points* in your speech.

→ その結果（肯定的）を述べる

Then the audience will *look forward* to what you have to say.

●結論を述べる

Be positive, and your listeners will respond positively.

【チャンキング分析】

One of the most important things to remember（覚えておくべき最重要なことの1つは）

when making a public speech in English（英語でスピーチをするときのことだが）

is the opening.（それは始まりだ）

You should not begin your speech（スピーチを始めちゃいけない）

with phrases like（以下のようなフレーズで）

"I am no speaker…"（「私は話しは下手だ」とか）

"I am not prepared to talk…"（「話す準備ができてない」とか）

or "I have nothing to say…"（「何も言うことはない」とか）

If you open in this fashion,（こんなふうに始めると）

the audience will think（聴衆は思うだろう）

that there is no point in listening further.（これ以上聞いても意味がないと）

Rather, you should call attention（むしろ，注意をひきつけるとよい）

to the interesting points in your speech.（自分のスピーチの面白い点に）

Then the audience will look forward to（そうすれば，聴衆は楽しみにするでしょう）

what you have to say.（(何をかというと) あなたが言おうとしていることを）

Be positive,（積極的になりなさい）
and your listeners will respond positively.（そうすれば聞き手も積極的に反応するでしょう）

　これらの分析を活用して，すでにふれた種々の訓練を施してみる。クローズテストも，チャンキング分析のみならずスクリプト分析を土台にして行ってもよい。これらの訓練を前提としながら，いよいよ発話訓練のより本格的なタスクとして，まず，理解の相を試すべく以下のような問を発することができる（ここで使われている英文はすでに完結している感じがあるため，expectancy（予測）の問は省略可）。

Content Construction
What is the most important thing to bear in mind when you make a speech in English?
What is a good piece of advice to someone who is going to make a speech in English?
Empathic Projection
What is the author's purpose in writing this passage?
What is the author's attitude toward the topic of the passage?
Expectancy
How do you think the author would continue the passage?
　そして，アクションの相を試すものとしては，以下のような問（指示）を発することができる。
Repeating
Close the text and try to repeat it as much as possible.
Paraphrasing
What does the passage say? Summarize what you've just read in your own words.
Reacting

After reading the passage, how do you respond to what the author says?

　理解の相については，チャンキング分析を使った種々の訓練を前提に行ってみると，断片的な表現を使ってでもなんとかして答えようとする姿勢がみられるはずである。一方，アクションの相では，十分な答えを出すのはより負荷が高い課題となるので，その下地作りを工夫してもよいかもしれない。

　たとえば，橋渡し的な訓練として，以下のような産出系エクササイズをゲーム感覚でやることもできる。これは，チャンキング分析とスクリプト分析を使って，十分に地ならしをしておいてから，英文のストーリーを口頭または書き言葉で再現させるために活用するのである。口頭でやる場合には，リハーサルの時間を与えてから，誰か一人を指名して皆の前で発表させてもよい。生徒がたどたどしくて上手く言えないときには，教師が英語で質問をして答えを引き出すようにする。教師が自ら対話者として振舞えば，生徒も英語の断片連鎖を実践するようになる。筋書き通りいかなくても，対話の即興性が英語を「今・ここで・自分が」使うというリアリティを与えてくれる。また，ライティングに応用する場合には，一度書きとらせた後で，動詞の時制，名詞の数，冠詞の有無などの注意点について各自でモニタリングをさせて，それらの文法事項についてのawareness（気づき）を高める訓練として生かすこともできるだろう。

Reconstruction Exercise
●話題を設定し，最重要な点を指摘する
the most important/a public speech/the opening

　●なすべきではないこと
　should not/phrases like/no speaker/not prepared/nothing
　　→　その結果（ネガティブ）
　　　if/in this fashion/the audience/there is no point

●なすべきこと

Rather/should/attention/interesting points
　　→　その結果（ポジティブ）
　　　Then/look forward to

●結論
positive／respond positively

　以上，チャンクのリーディングへの応用について述べてきたが，いずれにせよ，英語の文章を読む力を伸ばすためには，テクストにチャンキング分析を施し，それにスクリプト分析をも加えて，理解の相とアクションの相をふまえた課題をこなしていくことが大いに役に立つ，というのがわれわれの立場である。

4.7.　「文」から「文法」へ

　従来の言語学は，文法の探求において，会話における断片性ということに注意を向けることをしておらず，むしろ，「まず文ありき」の態度が強かったといえる。「文」より上位の言語レベルを扱うとされる談話文法も，談話を〈文の連鎖〉としてとらえる点では，文を基本単位として温存している。しかし，日常言語に関心のある我々は，敢えて凸凹を常態とする文法を模索していく必要がある。すると，〈文の連鎖〉ではなく〈断片の連鎖〉，すなわちチャンキングという発想が重要性を帯びてくる。

　英語教育の現場でも，文の先行性という考え方が採用され，正しい英語を規定する基準として文法が援用されている。ところが，冒頭でも指摘したように，文法指向の正しい英語に縛られすぎると，自在な言語活動が行えなくなってしまう。というのは，即興で意味を編成する日常言語では，文が表現の手段にはなっていないからである。文法的に正しい文の連鎖で会話を進展させれば，不自然な会話になってしまう。「正しい英語」と「自然な英語」は，日常会話活動に限っていうなら，齟齬をきたす関係にすらなるのである。われわれが，注目すべきは，社会言語学者 William Labov が名付けた"vernacular"あるいは Martin Joos のいう"casual／intimate style"（くだけ

た文体）における言語である。それが，自然な言語の祖形であると思われるからである。日常言語は，正規の言語からの逸脱であると見なされることがある。だが，日常言語の「文法的逸脱」は言語運用上のエラーではない。筆者らは，「逸脱」という概念，それ自体を放棄する必要があると考える。「逸脱」の概念規定には「正規な基準」が想定される。そして，言語の場合には，「文─文法」がその基準を提供すると考えられる傾向が強い。だが，本章で繰り返し強調してきたように，会話は文の連鎖によって営まれるわけでは決してない。

われわれは，文の連鎖として会話を捉えるやり方に対して，断片の連鎖という考え方を示した。そして，断片としてのチャンクを連鎖させることで，すなわち，チャンキングという操作を通して，会話の流れは進展するのである，と述べた。文を構成しようとすると，どうしても認知的負荷（cognitive burden）が高くなり，その結果として，会話の流れの進展が阻害されることになりかねないのである。思考そしてその表現は断片の連鎖化によって展開する。断片の連鎖化によって意味の全体化を達成させようとするが故に，「文─文法」が予測する通りには，会話は進展しないのである。また，日常会話における意味の全体化は，参加者によって協働達成されることがよくある。それは，Aがある断片を差し出し，それにBが新たな断片を接続させることで，意味の全体化が図られるということである。

しかし，最後に一言だけ述べておくと，日常会話では「文─文法」の規範の縛りは緩いというものの，チャンクの形成及び，チャンクの連鎖化においては整序機能としての文法が作用する。つまり，局所的には構造的図式の文法性は保持されなければならないのである。そこで，われわれは，ここで述べてきたような方向への「発想転換」を行い，会話の実践を促進するような教育英文法を再構成するには，意味を編成する整序装置として文法を捉えるという視点が重要であると考えている。

4.8. チャンキング・メソッドを使った指導（例）

【素材】 以下は，ある高等学校教科書英語Ⅰの中からの抜粋である。

TEXT：Butterfly Kisses

　　Some time ago, a friend of mine got angry at his three-year-old daughter, when she wasted a roll of gold wrapping paper. She was trying to decorate a box. Nevertheless, the little girl brought the gift to her father the next morning and said,"This is for you, Daddy." He was embarrassed by his earlier overreaction, but he got angry again when he found that the box was empty. He shouted at her,"Don't you know when you give someone a present, you must put something inside?"
　　The little girl looked up at him with tears in her eyes and said,"Oh, Daddy, it's not empty. I blew kisses into the box. All for you, Daddy." The father was shocked. He put his arms around his little girl, and he begged her forgiveness. My friend says he has kept that gold box by his bed for years. When he is discouraged, he takes out an imaginary kiss and remembers the love of his daughter.
[Source：PRO-VISION（桐原書店　文部科学省検定済教科書　高等学校　英語Ⅰ, Lesson 1）]

　この文章は，第1課に配置されているため，高校1年生が初めて出会う文章である。これは短い文章で，構文的な複雑さもさほど見られないが，チャンキング・メソッドを使って読む指導を行うことを想定すると，まず，以下のようなチャンキング分析を行う。

チャンキング分析（**Chunking Analysis**）
Some time ago,
a friend of mine got angry

at his three-year-old daughter,
when she wasted a roll of gold wrapping paper.
She was trying
to decorate a box.

Nevertheless,
the little girl brought the gift
to her father the next morning
and said,
"This is for you, Daddy."

He was embarrassed
by his earlier overreaction,
but he got angry again
when he found
that the box was empty.
He shouted at her,
"Don't you know
when you give someone a present,
you must put something inside?"

The little girl looked up at him
with tears in her eyes
and said,
"Oh, Daddy, it's not empty.
I blew kisses into the box.
All for you, Daddy."

The father was shocked.

He put his arms around his little girl,
and he begged her forgiveness.
My friend says
he has kept that gold box
by his bed for years.
When he is discouraged,
he takes out an imaginary kiss
and remembers the love of his daughter.

　このチャンク構成になった段階で，パラグラフ構成のオリジナルよりも格段に英文の読みやすさが増すということを生徒は実感するだろう。ここで，英文を読むということは，ひとつのタスク（reading comprehension task）であるという観点を採用する。すると，英文を読むということは，以下のような6つの一連の課題を行うということにほかならない。

Reading Comprehension Tasks
Content Construction
What did the father do when his little daughter wasted some wrapping paper?
Why did the girl waste the paper?
Why is the word "nevertheless" used in this text?
etc.

Empathic Projection
What do you think is the father's feeling when he shouted,"Don't you know when you give someone a present, you must put something inside"?
How do you describe the little girl's feeling when she was scolded again?
etc.

Expectancy

What do you expect the father learned from this episode?
How do you expect the little girl would describe this small, but significant incident?
etc.

Reporting

You've just read this story. Now, try to report what was in it by reproducing as many phrases or sentences as possible.

Paraphrasing

Summarize the main points of the text. How do you describe what is written in the text?

Reacting

How do you react to the story? What's your impression about it? Give your reaction orally or write a short reaction paper about the story.

　英文をチャンキングによって読んだ時点で，これらの課題を問題なくこなすことができればよいが，教育的な支援が必要な場合がある。ここでいう教育的支援としては「語彙分析」「文法分析」それに「スクリプト分析」が含まれる。上記の文章は，構成が比較的単純なので，スクリプト分析の必要性はあまり高くないため，ここでは割愛する。そこで，教育的支援としての語彙分析と文法分析がどういうものなのかを示しておきたい。
　まず，語彙分析では，以下のように，動詞情報，名詞情報，形容詞情報，副詞情報，それに決まり文句（慣用表現）情報からなる分析を行う。すると，生徒は英文を読む際のTOOLBOXとしてこうした情報を使用しやすいと同時に，効果的に単語を学ぶ方法を身につけることができよう。

語彙分析（**Lexical Analysis**）
動詞情報

get angry at …　…に対して怒る
be discouraged　落ち込む，落胆する
be shocked　ショックを受ける
be embarrassed by …　…によって気まずい気持ちにさせられる

waste a roll of gold wrapping paper　金色の包装紙を無駄にする
decorate a box　箱を飾る
beg one's forgiveness　許しを乞う
have kept something by the bed　ベッドのそばに何かを（ずっと）置いておく

take out　取り出す
look up at …　…のほうに向いて見上げる
bring ~ to …　~を…のところに持ってくる
shout at …　…に向けて叫ぶ
put something inside　中に何かを入れる
put one's arms around someone　両手で誰かを抱く

remember　思い出す（→「覚えておく」という意味もある）
find　あることを見つける

名詞情報

one's earlier overreaction　以前行った過剰な反応
the love of one's daughter　娘の愛（娘が示してくれた愛）

形容詞情報

empty　からっぽ（↔full）
imaginary　想像上の

副詞情報

Some time ago　しばらく前に
with tears in one's eyes　目に涙をためて
nevertheless　（前言を受けて）それにもかかわらず
the next morning　（ある時点から）その次の朝
for years　何年ものあいだ間

決まり文句
Don't you know ...?　…ということもわからないのかい（相手を叱責する際の言葉）

　次に，文法分析では，副詞情報，主語，V+α，それに決まり文句の4種類を色分けなどの工夫により示すことで，チャンクの構造を見えやすくする。以下は，その例であるが，ここでは，網掛け，囲い込み，それに下線という方法を使っている。

文法分析（Grammatical Analysis）
Keys: 4種類の文法情報

①副詞情報
②主語
③V+α
④決まり文句

Some time ago,
a friend of mine
got angry at his three-year-old daughter,
when she wasted a roll of gold wrapping paper.

She was trying to decorate a box.

Nevertheless,
the little girl
brought the gift to her father
the next morning
and said,
"This is for you, Daddy."

He was embarrassed by his earlier overreaction,
but he got angry again
when he found that the box was empty.
He shouted at her,
"Don't you know
[when you give someone a present,
you must put something inside] ?"

The little girl looked up at him
with tears in her eyes
and said,
"Oh, Daddy, it's not empty.
I blew kisses into the box.
All for you, Daddy."

The father was shocked.
He put his arms around his little girl,
and he begged [her forgiveness].
My friend says
he has kept that gold box
by his bed for years.
When he is discouraged,

he takes out an imaginary kiss
and remembers the love of his daughter.

　こうした文法分析をしておけば，必要に応じて，文法のポイントに生徒の注意を向けさせることができるだろう。また，もっとも重要なこととして，こうした文法分析をすることで，文法と読むという行為を連動させることで，生徒に文法の重要性を認識させやすくなるし，同時に，英文をオンラインで読む学習方略を獲得することにもつながる。

第5章
チャンクを使うノウハウ

5.1. はじめに

　英語が使えるようになるには，どうすればよいか。それは英語を実際に使うことである。そして，英語で考えることができるようになると，英語を使うことが楽になる。がしかし，英語で考えるといっても日本語が浮かんでしまうし，日本語と英語との表現力における差が大きすぎて，思うように英語にならない，といった経験を多くの読者（学習者）はしているはずだ。

　しかし，それでも，英語で考え，英語を使うためには，英語を実際に使うしかない。そのためには，慣れ親しんだ日本語を傍らに置き，英語という表現メディアにスイッチする。いったんスイッチしたら，日本語には戻らないという覚悟が必要である。この覚悟はよほど強いものでなければならないが，ややもすると楽な母語を当てにしてしまう。そこで，足りないという気持ちを捨て，持っている英語を十全なものとして受け止め，それを最大限に活用する。そして，英語でどうしても表現できないと判断したら，利用できるものは利用していく，といった態度が必要となる。

　英語を使うと英語で考えるはどちらが先か，と疑問に思うかもしれない。行為としては，英語を使う，このことに尽きる。しかし，英語を機能的に使うためには，英語で考えるという態度を持ち，それを実践することが不可欠となる。つまり，たとえ小さな英語であっても，その機能性を最大限に発揮することで，大きく羽ばたくことが可能となる，ということである。

　とはいえ，ただ英語を使え，英語で考えろ，といっても，その方法論がなければ一歩を踏み出すことがなかなかできない。以下では，英語を使う（話す）場面に遭遇したという状況設定の下，英語を話すということに強い苦手意識を持っている人たちを念頭に置きながら，英語で考え，英語を使うための一歩を踏み出すためのヒントのいくつかを挙げてみたい。

5.2. 小さな英語で実践する態度

　幼児は限られた表現を文脈内で巧みに使いこなしながら言語生活を営んでいる。例えば，一歳児は物の名称を指す言葉を覚え，それを状況（コンテクスト）内的に用いることにより，思いを伝える。「バナナ」という一語発話であっても，それは文脈から「バナナが欲しい」「バナナを取ってくれ」「もっとちょうだい」などの意味を含んでいることを親は了解する。

　暗に示されている意味がなんとなくこんな意味だろうと推測する能力が人間には備わっているが，この相手の推測力を当てにしながら，言語活動を行えば，英語を使うということが，ずいぶんと楽になるはずである。

　何年も前のことになるが，理科教育の日本人専門家Ａさんが研究員としてコロンビア大学に在籍していた。Ａさんは英語がとても苦手で，まとまった英文を作成する能力はなかった。ところが，そのＡさんが，ハーレムの子供たち，教師たちを対象に，2時間の講演とワークショップを大学内で開催することになった。ＴＶ局も来ていた。筆者の一人も，その場に居合わせた。どうやって，講演をするのだろうと思っていたら，Ａさんは，全く物怖じすることなく，"Look! This up, up, up. See. Wow. Strange?"（見て，これがどんどん上がるよ，ほら，わー，不思議だね）"This and this together, see, color change."（これとこれが一緒になる，ほら，色が変わるよ）といった英語で2時間の仕事をやってのけた。会場にいた子供たちは，目を丸くして，彼の講演に魅了され，教師たちも同様に何度も頷きながら講演に夢中になっていた。

　Ａさんの英語だけを取り出せば，Ａさん独自の英語である。しかし，その英語を実践的に使うことに戸惑いがない。そのＡさんは，英語の便利な決まり文句を多く覚え，帰国するころには，かなりの運用能力を身に付けていた。

　単語中心の言語でも相手の推測力を利用すれば，かなりのことを表現することができる。とにかく，言葉を使うということが肝心である。言葉を実際に使ってみれば，コンテクストがいかに役立つかが分かってくるはずである。言語に依存するのではなく，場面・状況を最大限に活用する，この姿勢が大切である。

ここで注目したいのは，たとえひとつの名詞でも（形容詞でも）豊かな意味を伝達する力を持ち得るということである。単語中心の発話でもちゃんとした言語活動なのである。ひとつひとつの単語の伝達能力を感得することが英語で考え，英語を使うための条件なのである。

5.3. do x の力とその拡張

　単語中心の言語では物足りない，とたいていの人は考えるだろう。そこで，動詞と名詞の組み合わせを利用すると，表現は多様化し，意味伝達の可能性も飛躍的に増大する。そこで，注目したいのが do x という構文である。単純な構造だが，立派な，そして実に役に立つ構文である。

　do x の力を最大限に利用した教授法に Total Physical Response というのがある。それによると，教師が生徒に対して，do x のパターンを使いつつ，さまざまな行為をやらせながら，身体的な関わりを伴った学習を促進するというところにねらいがある。この教授法の創始者 J. Asher は，do x を "golden imperative"（黄金の命令文）と呼び，その可能性を強調している。例えば，下の例をみてみよう。

　　Say hello.（こんにちは，と言いなさい。）
　　Tell me your name.（きみの名前を教えて。）
　　Open your mouth.（口を開けて。）
　　Take me home.（私を家に連れて行って。）
　　Look at this box.（この箱を見なさい。）
　　Go to the post office.（郵便局にいきなさい。）

　これらはすべて do x の応用だが，これらのコトバは，人を動かす力を持つ。もちろん，Cheer up. のように「激励」，Try some. のように「勧め」など命令形はいろんな機能を表現することができる。英語を使う際に，英語という言語の世界に閉じこもるのではなく，言語は社会的なものであり，言語と行為が結びついていることに気づくことが大切である

　さらに，and, first, then などの連結語を知ることにより，do x はさらに

力を増し，First, tell me your name and open your mouth.（まず，名前を言って，口を開けなさい）のような行動の流れを示すことができるようになる。なお，初期の段階では，tell me your name（名前を言って）の tell me をまとまった表現チャンクとしてとらえ，tell me x を生産的に使ってもよい。

do x に副詞句を追加するパターンへと展開すると，Tell me your name [slowly]. とか Open this box [[in your room] [tomorrow]]. など可能性がさらに広がる。ここで括弧に入れた副詞句は，do x の前後の位置に可能であり，この簡単な規則を利用すると，次のような表現が可能となる。

副詞句	動詞句	副詞句
	[Tell me your name]	[again]
[Please]	[tell me your name]	
[Don't]	[tell me your name]	

今度は，please や don't の位置に，次のような「慣用表現・機能表現（決まり文句）」を丸ごとチャンクとして入れてもよい。すると，いわゆる文法規則に，あまりとらわれることなく英語の表現力を増すことができるようになる。

Could you ... ?（…してもらえませんか）
Why don't you ... ?（…してはどうですか）
You have to ...（…しなくてはいけないよ）
You might as well ...（どうせなら…したほうがよい）

例えば，do x の応用例として give me a hand（手を貸して）という表現を得たとしよう。すると，Could you ... ?をそれに追加して，Could you give me a hand?（手を貸してくださいませんか）といえば，ちゃんとした依頼文になる。ここで大切なことは，Could you ... ?を丸ごと，ちょうどひとつの単語のような感覚で使うことである。野菜が不足気味の人に対して「野菜

をもっと食べるように」と言いたければ，do x を利用して Eat more vegetables. といえばよい。しかし，「お願い」としてそれを言うのであれば，やはり Could you eat more vegetables? と Could you … ? を使うとよい。ここでも大切なことは，Could you … ? のような慣用表現をどんどん使い，生きた言葉として身につけていくことである。

5.4. 「主語を立てる」：意味の組み立て方

　場面を最大限に活用する単語中心の言語（第一段階）は，〔副詞〕＋do x ＋〔副詞〕のパターンを獲得（第二段階）し，さらに，〔慣用表現〕を追加することを覚えることで，言語としての表現力を増していく。

　ここまでの段階では，do x〔副詞〕のバリエーションと慣用表現をたくさん覚えることが，言語表現の豊かさにつながる。ここまででも，かなりの程度英語を使うことができるはずである。しかし，本当の意味で，英語で考え，英語を使うということを実践するには，もういち段階先に進み，「主語を立てる」ということを実践する必要がある。

　do x に主語概念を導入すると，英語の基本形である SVO のパターンができあがる。S は主語の位置であるが，実はこの位置をちゃんと使えるかどうかが「英語で考える」際のポイントとなる。逆にいえば，「主語を立てる」という基本原則を使いこなせないところに，「英語で考えられない」大きな原因がある。更にいえば，主語を立てる訓練を徹底的にやれば，英語的な発想を身につけることにつながるだけでなく，英語で表現するということが楽になるはずである。思いは，日本語として現れるが，それを意識的に主語を立てた表現にする，という訓練がそれである。

　例えば，ある男性が病気を理由にパーティに来なかったことを批判するという場面で，「病気とか何とかいって，結局来たくないだけじゃないの」といいたい。この表現を直接英語にしようとしてもうまくいかない。主語を立てなければならないのだ。ここでは「彼」のことが話題になっているわけだから，次のように主語を立てて表現することができよう。

「病気とか何とかいって，結局来たくないだけじゃないの」
→He says he's sick, but I think he just doesn't want to join us.

主語の立て方に関する例をさらにいくつか挙げてみよう。

「約束したじゃないか」→You promised.
「仕事，辞めるんだって？」→I hear you're quitting your job.
「ついつい話し込んで授業をさぼっちゃった」→We talked so long, I ended up missing class.
「あのサークルいい男がたくさんいるかな」→I hope there's a lot of decent guys in the club.
「西洋料理とアジア料理ではどっちがいいですか」→Would you like Western or Asian food?
「ここの弁当も食べつくしたな」→I've tried every lunch dish here.

　ここでは，日本語表現を英語表現に翻訳するという状況を想定しているが，「英語で考える」には，日本語表現が頭をチラつかないほうがよい。「こういう日本語はこう英語にするんだ」などといくら覚えても，結局，完全な翻訳では有り得ないし（例.「ここの弁当も食べつくしたな」と I've tried every lunch dish here.〔私は，ここでのすべての弁当にトライした〕は完全な翻訳ではない），また「英語で考える」という能力の養成にはつながらない。
　結局，慣れ親しんだ日本語表現を英語にしようとすると負荷が高くなりすぎる。そこで，「英語にしやすい日本語」で思考するということが必要となるが，その場合の鍵になるのが，「主語を立てる」という原則である。翻訳機を利用する場合，翻訳機が翻訳しやすい日本語を入力してやる必要があるが，しばらくすると，どういう日本語なら翻訳機は英語にしやすいか，ということについてのコツをつかむことができるようになる。しばらくは，日本語——といっても，英語にしやすい日本語だが——がちらつくが，慣れてくれば，そうした「足場（scaffolding）」がなくても，英語で直接表現する（＝考える）ことができるようになる。

5.5. 単語が足りないという思い（幻想）を捨てる

　英語で表現するには，心構えとして，「単語が足りない」という幻想を捨てる必要がある。単語が足りない，というのは「ないものねだり」に過ぎない。もちろん，必要に応じて単語の駒数は増やしていく必要があるが，とにかく持ち駒を有効利用することが肝心である。そのためには，現時点における自分の単語力をそれでよしと受けとめる。量より質で，基本語を使い切るということができれば，たいていのことは表現できる。いずれにせよ，持ち駒でなんとかしようと覚悟することがたいせつである。「花を生ける」という表現を英語にしようとするとき，arrange が思い浮かばなければ put flowers in a vase でもよいだろうし，それに elegantly といった副詞を加えると，意図に近くなる。こうした状況で put を使うことができる，このことが大切である。

　基本語を使い切るためには，関連した語との違いに注目すると，その語の本質(コア)が見えてくることが多い。そこで，重要なポイントについて記す語彙ノートを作成するとよい。記述の体裁は自由だが，例えば，以下のようにまとめておくのもひとつの方法である。

●right/correct

　right も correct も「正しい」ということで混同しやすい。だが，ふつう right は「適切な，ふさわしい」という意味で使われると考えておくとよい。そこで，「適材適所」を表す決まり文句の the right person in the right place は right がぴったりだ。また，right には「道徳や正義感から見て正しい」という意味合いもあり，It's not right to steal.（盗みはよくない）のように使う。同じ「正しい」でも correct の場合は，「事実に照らして正しい」，つまり「正解」という意味合いが強い。そこで，試験などの「正答」は a correct answer というよ。少し微妙だけど，内容が適切で「その通りです」は That's right.，裁判などで情報などが正しいかどうかを問われて，「その通りです」という場合は，That's correct. がよい。

●wrong/bad

wrong は right と correct 両方に対する反意語といえる。correct に対しては incorrect という言い方があるが，会話などでは wrong が使われる。a right decision（正しい判断）に対して a wrong decision（誤った判断），a corrcct answer（正しい解答）に対しても a wrong answer（間違った解答）のように。What's wrong with you?（どうかしたの）や Something is wrong with the radio.（ラジオの調子がおかしい）のように「何かおかしい，調子が悪い」という意味合いでも使う。一方，「好ましくない状態，悪い状態」を表す基本語に bad がある。日本語の「悪い」の使い方にかなり近いと考えてもよい。ただし，文脈によって具体的な意味合いが異なることには注意したい。I'm a bad tennis player. では「私はテニスが下手です」，That's a bad movie. なら「あれはひどい映画だった」となる。

●about/around

about と around も区別がむずかしいが，about は「周辺」ということで「あたり」を，around は「周囲」ということで「まわり」を強調する，と考えておくとよい。walk about Kyoto と walk around Kyoto はともに「京都をぶらつく」ということだが，観光目的であちこち歩くという場合には walk around がよい。「食卓を囲んで座ろう」という場合は，Let's sit around the table. でないとおかしい。また，talk about the issue だと「（問題の周辺も含めて）あれこれ話す」ということだが，talk around the issue だと「問題についてふれない（回避する）」という意味になる。それは，around が周囲をくるくる回るということに由来するからだ。

●hold/keep

どちらも「持つ」という意味合いがあるが，意味はだいぶ異なる。hold は「手で一時的におさえる」，keep は「自分のところに置いてちゃんと管理する；維持する」という感じだ。Hold the elevator. だと「エレベータのドアを一時的に開けておいてくれ」ということ。一方，Keep the elevator. に

なると「エレベータがちゃんと機能するように管理しておけ」という意味になる。電話などで Hold on. といえば「ちょっと待ってて」という意味になるが，それは on の状態を一時的にそのままにしておくということからだ。一方，Keep on going. だと「そのままどんどん進もう」の意になるが，それは「going が続いている状態を維持する」ということからだ。「日記をつける」は She keeps a diary. というが，日記をつけることをちゃんと自己管理するという感じだ。

　ここでは，何が問題となるか，何が違うか，どう使えばよいか，についての情報を自由な形で記載している。いずれにせよ，こうした語彙ノートを作成することで，個々の単語の意味の可能性，意味世界を知ることができるようになり，実際に，単語を使う際の拠り所となるはずである。
　もっとも，持ち駒で表現しきれない状況も多々あるだろう。そこで必要となるのが，語彙不足を補強する「戦略（communication strategy）」である。相手が必要な持ち駒を所有している場合は，その人を "a resource person" とし，その人から必要な資源を得る，これが語彙補強の戦略の基本的考え方だ。
　具体的な状況を考えてみよう。I'm looking for ... といって「栓抜き」に相当することばが思いつかない。すると，戦略的に，いくつかの方法(communication strategies)が考えられよう。もっとも一般的なのはパラフレーズで，something to open this bottle（with）といった表現でなんとか表現する。次に，「単語が分からないんだけど，どう言うんだっけ」と相手に SOS を送り，表現を推測してもらう，という戦略を使う。その場合，有効な表現として以下のものがある。

I don't know how to say it.
I cannot think of the word.
What is it?
What（do）you call it?

ジェスチャーなどを使い，相手にキューを与える。それでもだめなら I want to drink this. などと状況説明をする，という方法がある。いずれにせよ，諦めないで意図を伝え，上手くいけば的確な表現〔a bottle opener〕を得る。たまたま辞書を手にしていれば，Let me check the dictionary. とか Well, wait a second. などといいながら辞書を引く。こういう積極的な戦略を駆使しても，どうしても埒が明かない場合は，well, forget it, well, anyway などといって話題を放棄してしまう。

I'm looking for um I don't know how to say it. Well, anyway …

後味は悪いが，話題放棄を言語的にやることが大切である。

5.6. 「文を作る」という幻想を捨て，チャンクでつなげる

次に，「文を作る」という義務感から解放されることが必要だ。第4章で示したように，発話の単位は文では決してない。チャンクを連鎖的に用いながら，言いたいことをいう。情報追加と軌道修正があるのみである。これが，会話の自然の姿である。

例を見てみよう。ここでの状況は次のやりとりを前提とする。「もし動物だとしたら何になりたい。子猫かなにか？」とAに聞かれてBは Oh, probably … no, a large cat, something like a panther. Running free, roaming the deserts … （うーん，たぶん，そうではないね。大きな猫かな，パンサーのような。自由に走りまわって，砂漠をさまようような）と答える。すると，Aは And eating small animals—rabbits and stuff. （それで，小さな動物を食べるんでしょう。うさぎみたいな）と言い返す。このAの発言に対して，Bは次のようにいう。

> B: Well, you got to eat, you know … which is funny, being a vegetarian in this human body, I would choose, yeah, but um, yeah a big animal. （そうね，結局食べなくちゃね。でも，考えてみるとおもしろいわね。この人間の身体は菜食主義者なんだけど，選ぶとなったら，そうなのよ，うん，そう大きい動物なんだからね。）

〈相手の発話を受けて反応する〉

Well, you got to eat,（そうね，結局食べなくちゃね）

　　　　〈話題を放棄する〉

　　　　you know ...（でも考えてみると）

　　　　〈思いついた意見を忽然と述べる〉

　　　　which is funny,（おもしろいわね）

　　　　〈上の意見の説明に入る〉

　　　　being a vegetarian in this human body,（この人間の身体は菜食主義者で）

〈言い切るのを躊躇する〉

I would choose ...（選ぶとしたら）

　　　　〈ためらい表現を使いながら自問自答する〉

　　　　yeah, but, um ...（そうなのよ，うん）

〈結論づける〉

yeah, a big animal.（そう，大きな動物なんだからね）

　Bは Well, you got to eat（確かに，食べなくてはね）と言いかけて，情報を完結させないまま，you know で間をつなぎ，which is funny（おかしな話だけどね）といきなりコメントを述べている。そのコメントの説明にあたるのが，残りの部分だ。being a vegetarian in this human body（私はベジタリアンなのに）といって，I would choose と言ったものの，自問自答する形で，yeah, but, um ...（そうなのよ確かに。でも，どういうか）とためらい表現を挟み，そして，yeah, a big animal（そうなのよ。大きな動物をね）と結論づけている。ここでの例のように，you know とか yeah but um ... などの表現を使うことで，言葉に詰まった時など流れをうまく調整することができる。ここではためらい表現をうまく使いながらチャンク連鎖が行われていく様子を見ることができよう。

　この例から，会話においては，文を完成させることが目的になっていない，ということがよく分かるだろう。とにかく，言いたいことを言う。それ

が大事だし，またそれが自然なのだ。チャンクで表現することを実践するには，「正しい英語を話す」という気持ちからも解放されなければならない。正しい英語という場合の正しさは文法的正しさを指すことが多いが，それは文章の文法の正しさを規範にしていることが多い。

　よく「ブロークン英語でもよい」という言い方をすることがあるが，「ブロークン」という表現は正しくない。「文章の文法」から判断すれば，上記の例は，broken English かもしれないが，しかし，それが自然な日常言語の姿である。日常言語では，必要なだけ情報を付け足すという「情報追加の原理」と，必要があればいつでも修正するという「軌道修正の原理」が作動原理としてはたらいているのである。

5.7. つなぎ言葉の利用

　日常会話では，即興でコトバを話すという要請があるため，軌道修正を絶えず行うことになる。しかし，それがかえって会話の自然さを作り出すという効果がある。冗長さを欠いた正確な言語がいつも話されるとしたら，くだけた雰囲気はなかなか生まれないだろう。

　ストーリーが初めから完成しているわけでなく，話しながらストーリーを展開させるという生のやりとりにおいては，言い直し，言いよどみ，話題の放棄などはごく自然に起こる。そこで重要な働きをするのが，第4章でも取り上げた you know と I mean である。You know what I mean. とか I know what you mean. という表現から読みとれるように，これらの表現は「意図」とか「解釈」と密接に関係している。会話では，意図と解釈のすりあわせが中心課題となる。I mean は意図を，you know は解釈をそれぞれ指す表現である。

　you know や I mean を多用するのは，よくない，と言われることがある。しかし，ここでは，あえて教育的工夫（pedagogical device）として you know と I mean を捉えてみたい。

　I mean（意図の組立）と you know（その伝達可能性）を絶えず意識する生の会話においては，意味づくりの現場を（編集作業にかけないまま）相手

にそのまま伝えているのであり，意味づくりという視点からは，きわめて自然な姿を示しているといえよう。したがって，you know や I mean などのつなぎ言葉を積極的に利用するという姿勢で，生の会話のやりとりに参加するという姿勢は大切なのではないだろうか。

　もちろん，you know とか I mean を使うことにためらいを感じるという人は，as you know とか what I mean is ... のように表現する工夫をしてもよいだろうし，また，次のようなつなぎ言葉を代用させてもよいだろう。

well
well, let me see
er ...
the point is ...
the thing is ...

　これらの表現を使いきれるようになれば心理的に余裕が出てくるはずである。とはいっても，well などというのは気恥ずかしいと感じる人も多いだろう。実際，大学に入りたての学生たちに「言葉に詰まったときは，well と言えばよい」といっても，なかなか言葉が馴染まず，最初は多少の心理的抵抗を覚える人が多い。しかし，ここでいう心理的抵抗は慣れの問題に過ぎない。何度か意図的に well を使うようにすれば，それが自然に口をついて出てくるようになるものである。

　日常会話が相手との共同作業であるとすれば，リズムを調整する手立てについての方法も知っておく必要がある。そういうリズム調整の表現を"rhythm-making devices"と呼ぶことができる。その代表は you know, I mean, well だが，ほかにも重要なものとしては以下のものが含まれる。

so：会話の流れをつくる表現。「だから〜」くらいの意味合い。
because：先行発話を正当化するときの表現。
like：はっきりしないとき，なんとなくぼやかしたいとき，「〜といった感じ」を表わす表現。

actually：「実際のところ」くらいの意味合いだが，言いにくいことをいうとか，「自分としてはこう思う」などを表現する。

5.8. ストーリーを展開するために

　会話は相手との協働作業（joint action）で展開するものであり，流れをつくり，流れに乗り，また，時には流れを変えるということが求められる。と同時に，英語ができるようになると，presentation とか speech という場面でなくても，自分でまとまった内容のストーリーを展開する力が必要と感じられるようになる。

　まとまった内容のストーリー展開のためには，情報をある程度構造化するということが必要である。もちろん，できるだけ多くの話題について，意見をまとめておく，ということが有効な方法であるが，ここでは，物事を語るための表現を構造化する方法の1つとして「メタファー」に注目してみよう。そして，英語を表現スキルとして身につけるのに，「行動スクリプト」の利用についても，簡単に見ていきたい。

5.8.1. 表現を整理するためにメタファーを利用する

　私たちの思考はメタファーに突き動かされていることが多い。「思考が突き動かされる」という言い方自体にも，「思考はモノであり，しかも流れるモノである」というメタファーが働いている。「相手の言いたい点を飲み込めない」「これはまだ生煮えの考えだが」「消化不良を起こさない程度に話す量を調整する」などの表現の背後には「考えは食べ物だ」というメタファーが働いている。「議論で相手をまかす」「敵の弱点を攻撃する」「その議論は完敗だ」「交渉ではだいぶ攻められている」という表現の背後には「議論」を「戦い」に見立てるメタファーがある。「心を固く閉ざす」「心を開く」「心の中では分かっている」など何気ない表現が「心は入れ物だ」というメタファーに支えられているのである。

　このようにメタファーというのは，私たちの表現活動を支える役割を果たしており，メタファーなしにはほとんど言語を使うことはできない。した

がって，言語は本質的にメタフォリカルである，といってもよい。だとすると，英語で表現する際にも，当然，メタファーを利用するという方法論が考えられよう。「理論を建物とみなす」メタファーにより，次のような表現を紡ぎ出すことができる（Lakoff and Johnson 1980を参照）。

 A THEORY IS A BUILDING（理論は建物だ）
 The foundation of your theory is weak.（きみの理論の基礎は弱い。）
 He constructed a strong theory.（彼は強力な理論を構築した。）
 His theory has three pillars.（彼の理論には3本の柱がある。）
 The theory collapsed.（その理論は崩れた。）
 Your theory is rather shaky.（きみの理論はどちらかといえば不安定であぶない。）

ここでの例は，英語で考えるとき，メタファーを念頭に置くことにより，理論についての語り方を容易に身につけることができる，という可能性を示している。他にもいくつか例を見てみよう。

 ［怒りを表現する］
 （Ⅰ）〈熱くなる〉
  Don't get hot.（熱くなるなよ。）
  You make my blood boil.（〈はらわたが〉煮えくり返る。）
 （Ⅱ）〈赤くなる〉
  He got red with anger.（怒りで赤くなった。）
  She was scarlet with rage.（同上）
 （Ⅲ）〈震える〉
  She was shaking with anger.（怒りで震えていた。）
  He was quivering with rage.（同上）
 （Ⅳ）〈いっぱいになる〉
  He was filled with anger.（怒りでいっぱいだった。）

She was brimming with rage. (同上)
(Ⅴ)〈爆発する〉
She blew up at me. (爆発した。)
When I told him, he just exploded. (同上)

どうも「怒り」というのは「熱」とか「激しい感情」と関連があり, Keep cool. とか Keep calm. と対極に置かれる。日本語でも, 上の表現をそのまま移せるところに, 感情表現の共通性を見いだすことができる。

「恋愛は火である (LOVE IS FIRE)」というメタファーを使えば, 次のような多彩な表現が得られる。

My heart's on fire. (心に火がついている。)
He was burning with love. (彼は恋焦がれていた。)
The old-time fire is gone. (昔の火〔情熱〕は消えた。)
She set my heart on fire. (彼女はぼくの心に火をつけた。)
That kindled love in his heart. (そのことが彼の心に火をともした。)

この他にも,「人生は旅である」「恋愛は旅である」「議論は戦争である」など日常言語を支えているメタファーを見いだすことができよう。表現をバラバラで覚えるより, なにか有機的な関係の中で覚えるほうが有効である, という原理を考えると, メタファーは効果的な学習の方法を提供するように思われる。

ところで,「建物として理論を語る」メタファーでは,「壁」「屋根」「部屋」などは慣用的には使われていない。しかし, 次のような新規表現——採択され広く伝播するかどうかは別問題だが——を作り出すことができる。

「君の理論には屋根がないね」→Your theory still lacks the house top.
「理論の壁を塗り替えるほうがよい」→The wall of your theory needs re-

painted.
「君の理論は部屋数が多すぎる」→There are too many rooms in your theory.

　物事を表現するのに慣用的な表現にいつも縛られている必要はない。メタファーを利用すると，上のような創造的な冒険（言語活動）を行うことができるのだ。

5.8.2.　表現の流れをつくるための行動スクリプト
　言語活動の多くは，平均的日常の了解の場で，繰り返し行われ，行動の流れのパターンのようなものがある。この流れは，行動あるいは思考のスクリプトとして記述することができ，そこで用いられる，語りの型やよく使われる表現をある程度予測することができる。スクリプトには，予測性の高い言語表現を示すことができる。例えば，問題解決型の発表では，次のようなスクリプトが考えられる。

　　（1）注意の喚起（おや，何かおかしいぞ）
　　（2）問題の記述（問題はここだ）
　　（3）問題の説明（問題を分析すると）
　　（4）解決策の提示（こうすればよい）
　　（5）結論づけ（だからこうしよう）

　予測可能な行動スクリプトには，日常生活を反映したものも多い。上司にどこかへ招待されたものの気乗りがしない。そこで，申し出を断りたい，といった状況でどういうスクリプトが思いつくだろうか。おそらく，まず「謝罪をして」，次に「都合の悪い理由を述べて」，そして「出席できない旨を伝える」というスクリプトにしたがった，言語行動をとるだろう。例えば，I'm sorry, but I have an appointment on that day, which I cannot cancel. So, I don't think I can attend the party. とか何とかいうだろう。直接的に

「出席できない旨を伝える」と相手の顔をつぶすことになりかねないし，それによって人間関係が壊れるという恐れがあるからだ。

「ラーメンの作り方のスクリプト」「家庭教師のスクリプト」「商談のスクリプト」など関心のあるスクリプトを作り，それを英語でどう表現するかを考えてみること，これは，英語で考え，英語を使うという訓練にもなるし，同時に，プレゼンテーション・スキルを磨くことにも繋がる。また，自明化された日常の行動をスクリプト化することで，いままで気がつかなかったことへの新たな気づきが得られる。

どういう情報をどういう配列で並べるか，情報の階層化をどうするか，具体的な内容をどれだけ盛り込めば相手に分かってもらえるか，時間は何分でそれを最大限に利用するには，どういう情報を盛り込むべきか，等々，のことを考慮しながら，スクリプトを作成する。そして，そのスクリプトを英語にする。

スクリプトの作成とその英語化は，おそらく，実践的に英語を学ぶ上でもっとも有効な方法論の1つだと思う。

5.8.3. 発信そして対話へ

最近は，「発信型」が流行コトバである。発信型は，従来の「受信型の外国語教育」の対抗概念として導入されたものである。つまり，情報を受け入れるための手段が外国語であり，それが明治維新以来，日本の近代化の方法論の1つでもあった。しかし，受信の時代はやがて終わり，発信によってバランスを取り戻さなければ，アイデンティティの確立は危ぶまれる。そこに「発信型」という概念が生まれたわけである。

しかし，外国語教育の関係者は，「コミュニカティブ（communicative）」という概念と「発信型」を同一視する傾向がある。「外国語を話すこと」と発信能力は等価の関係にあり，「話すこと」がすなわちコミュニケーション重視の外国語教育の目標となってしまったのである。

これには，もっともな事情がある。それは，何年も英語をやったものの，結局，話せないではないか，というマスコミ批判を受け，「話す英語」の指

導が急務と感じられた，という教育現場の事情がそれである。発信と受信という単純な記号モデルを念頭に置くと，「話すこと」と「書くこと」は「発信」であり，「聞くこと」と「読むこと」は「受信」ということになる。しかし，第4章で示したように，listening comprehension は speaking と連動しているし，タスクの多くは，4技能の複合で達成される。

　いずれにせよ，「発信型の英語教育」という表現の問題点は，それがモノローグ的会話観につながっており，話すということに対して，心理的負担を高める可能性がある，という点である。発信型の指導では，とにかく話すことを重視するが，その目標として，いかにうまく話すかが関心事となる。「いかにうまく」という表現には，「正しさ」と「適切さ」の規範が含意されている。また，発信者の立場が強調されすぎると，相手の存在が希薄なものとなり，「一人でなんとかしなくては」という義務感にも似た気持ちが起こる，という可能性が考えられる。また，一人でなんとかするという気持ちは，うまくしゃべるという気持ちと連動して，表現の形式面に目が奪われ，「自分がどう表現しているか」「その表現が正しいかどうか」が気になってくる。これが上でいう「心理的負担」である。

　「発信型の英語教育」というコトバからわれわれが連想するのは，「スピーチ」もしくは「ディベート」である。スピーチでは，言いたいことを正確な英語で，適切な身振りを交えながら聴衆に伝えなければならない。内容ばかりか，表現の仕方までが評価の対象になる。そこで，「正しい英語で」という気持ちが生まれる。同様に，「ディベート」は戦いであり，戦略を練って相手方の弱点をつき，相手を説得することをその主眼に置く，つまり，ポジッション・ゲームだ。やりとりの応酬はあるものの，結局，自分の意見を強く主張するというスピーチに類似した側面があることは否めない。

　確かに「正しい英語」を教えるのが英語教育の役目である。ところが，ここで「正しさ」の基準とその適用が問題となる。通常は，文法通りの英語は「正しい英語」である，という認識が流布している。しかし，文法は，書かれたものの構造を統辞的に反映している場合が多い。だが，第4章で示したように，それを会話にそのまま横滑りさせるところに問題があるのである。

このことは，いくら強調してもし過ぎではないと思う。

　一方では，教師は会話力を養成したい気持ちがあり，その方法として（文章英語用の）文法に適った「正しい英語」を教える。しかし，他方で，話し言葉は，そういう文法には，必ずしも従わない，という事実がある。学校英文法は "Grammar in Interaction" の実相を捉えていないのである。

　そこで必要なのが「発信，そして対話へというシフト」だ。発信能力は必要である。しかし，対話への眼差しがないまま，英語のコミュニケーション能力を云々してはならない，というのがわれわれの立場である。対話は，相手との共同作業である。一人で会話を独占すれば対話にはならない。リズムが大切だが，頭の中で文を完成させそれを声にしようとすると，どうしてもリズムが壊れてしまう。こういってよければ，断片が断片を引き込みあいながら，共同作業を通して，会話の流れがつくられていく。これが対話なのだ。言いたいことを追加していくという態度を自覚すると，「正しい英語」とか「文を完結する」という形式面への注意は弱くなり，そんなことはあまり気にならなくなるはずである。

　発信型から対話型へのシフトは，次の3点を強調するものであるように思う。

（1）一人で喋るという負担感から逃れ，共同作業のパートナーを当てにする。
（2）「正しい英語」とか「文の完結」という形式への注目をやめ，相手と意味のやり取りに関心を向ける。
（3）相手のコトバが会話の流れを揺り動かすため，意味の調整を絶えず行う必要がある。

　対話型へのシフトに伴う上記の3点のうち，（1）と（3）は，説明の必要はないだろう。そこで（2）についてだけ，少し述べておくと，私たちは外国語を学習するのにその規範が気になる。規範通りに話し，ときには「過剰訂正（overcorrection）」をすることもある。つまり，規範が気になってしまい，

できるだけ規範通りに英語を喋ろうとするのである。

だがしかし，私たちの思考は，最初から分かっている軌道の上を進むわけではない。決まりきった挨拶とか，日常の慣習ならいざしらず，日々の言語活動は，先の見えない方向を進むことになる。会話には他者の介入があるため，物事は思った通りに進まない，だからこそ会話はおもしろく，また情報としての価値があるのだ。会話のすべてが旧情報の集積だったなら，なんとつまらないことだろう。話す立場から言っても，言いたいことが始めから決まっていたなら，これほどつまらないことはない。

こうした自由度の高い意味の営みに注目すると，それを編み出す言語形式も規範からの自由度が高いことが求められる。つまり，会話では，それほど文法的規範を気にする必要はないということだ。むしろ，こうした気楽な気持ちから出発し，表現活動がある程度自由にできるようになった段階で，形式面への気配りをするとよいのではないだろうか。最初から，形式面に注視しすぎると，「正しい英語」という脅迫観念が生まれ，それが英語を使用する際に，自我を脅かすことになる可能性があるからである。ただし，ここで忘れてならないのが，会話における断片連鎖には「文―文法」の縛りは強くないが，断片であるチャンクの形成のしかたには文法がはたらく，ということである。

5.9. おわりに

ほかにもいろいろな方法が考えられそうだが，要は，普段着の英語を使うことである。CAN／CANNOTではなくDO／DON'Tが問題なのである。一人一人の"my English"は実際に使用することによってのみその機能性を高めるのである。「分かるという実感を持つこと」，これは，いかなる学びにおいても不可欠な条件となる。分かるということを通して，英語というものを学ぶ，それが持続的な動機づけ，意欲につながり，知識としての英語をものにする方法論だといえる。しかし，知識を使うこと，もっと言えば，使いながら学ぶこと，このことが実践的英語力を身につけるには不可欠となる。

英語力を身に付ける条件は，language exposureの質量，language useの

質量，そして urgent need の存在の3つを挙げることができる。この3つの条件を満たすことができれば，実践的な英語の習得が可能になるということでもある。しかし，日本国内にいて，urgent need を持続的に維持することはむずかしいし，language use も質と量の両面において，十分な基準を満たすこともむずかしいといえる。そこで，体系的に学び，戦略的に英語を使う，ということが必要となり，本書での内容は，そのための考え方であるといえる。

あとがき

　英語教育分野では，方法論をめぐる議論が目立ち，教育の対象となる「英語」そのものについて，また教育の目的となる「コミュニケーション」についての考察があまり行われていないような気がします。TPR, Suggstopedia, Silent Way, Delayed Oral Response, Community Language Learning など独特の教授法，communicative approach の最近の動向，form-focused instruction についての議論，L. Vygotsky の精神発達理論に基づく英語教育論，コンピュータと collaborative learning の関係，e-learning の可能性，S. Krashen, R. Ellis, B. VanPatten などの考え方，等々，英語教育を論じる素材はいくらでもあります。

　しかし，いくら第二言語習得の知見が「これこれしかじか」だといっても，習得研究の対象となる言語（例えば，語彙力，-ing 形など）についてのしっかりした理論がなければ，納得のいく教育的示唆を提供することはできません。例えば「文法についての consciousness-raising が大切だ」といってもそれだけでは教育の役には立ちません。あるいは，「語彙習得のある側面においてはプロトタイプ効果が認められる」という主張は第二言語習得研究において見られるものですが，実際に応用しようとすると，内実の乏しさが目だってしまいます。「文法の重要性」を云々する際には，「文法」というコトバの対象をしっかりと示す必要があるし，語彙がコミュニケーション能力において重要だという際には，語彙力とは何なのかを明確に示しておく必要があります。

　研究の対象についてのしっかりとした見解を持たないまま，実証研究をいくら重ねても，本質に迫ることはできない，ということです。そこで，われわれは，応用言語学的に有効と思われる，意味論，文法論，コミュニケーション論などについて，模索してきました。本書は，そうした模索の結果を

まとめあげたものです。

＊＊＊

　英語教育において，教育あるいは学習の対象となる「英語」をどのように捉えるかが重要であることはいうまでもありません。具体的には，英語の語彙力をどう捉えるか，英文法をどう捉えるか，といった問いに対してどういう見解を持っているか，このことが，英語の「何」を「どう」教えるかというWHATとHOWの導きの糸になるのです。ここでいう「導きの糸」は，私たちの本書でのアプローチに相当します。私たちの方法論のことを「認知的アプローチ（cognitive approach）」と呼ぶことにします。

　私たちは，「認知的スタンス」というものの重要性を早くから主張し，その方向に基づいた研究を行ってきました。認知的スタンスは，英語では"cognitive stance"といいます。これは，「立場・視点」という意味でのスタンスであり，behavioral stance（行動的スタンス）と呼ばれるものと対立関係におかれます。

　一言でいえば，行動的スタンスを採用する行動主義が，観察可能なもののみが科学的研究の対象であるという主張を行い，人々の心の中での内的な営みはブラックボックスとして，それへの本格的な研究としての取り組みを行うことを避けたのに対して，認知的スタンスでは，ブラックボックスを開き，人々が事象をどう捉えているかという"mental representation"（心的表象）と，人々はどのようにそうした表象を得，それを使用するのかという"information processing"（情報処理）の2つを強調するところにその最大の特徴があります。

　認知的スタンスをいち早く取り入れたのは心理学であり，「認知心理学（cognitive psychology）」がまず注目されました。それを研究可能にしたのがコンピュータを道具とする認知科学（cognitive science）でした。そこから生れた認知言語学（cognitive lingusitics）は，1980年後半からの動きです。

　しかし，いずれにせよ，認知的スタンスは，説明力において大きな可能性

を備えており，英語教育においても，積極的に導入し，その可能性を探る必要がある，とわれわれは考えております。ここでいう「可能性」がどういうものであるかについては，本書を通して理解していただけると考えております。

　言語学における認知的スタンスとは，一言でいえば，「言語は人々が世界を知覚し概念化する仕方——すなわち認識の仕方——を反映している」というものであり，ここに，意味的な動機づけ（semantic motivation）が生まれ，そこから言語現象は説明可能であるという主張が帰結されます。

　言語の認知言語学的研究では，これまでの言語学では関係が示されることのなかった，身体（body），知覚（perception），概念形成（concept formation）と言語とのかかわりを直接的に研究課題とする，という特徴があります。本書で強調するコア図式も身体性という概念と関連があります。意味の「身体性」（embodiment）という概念が Mark Johnson を中心に提案されました。意味は身体・感覚レベルと無関係ではない，という主張です。つまり，人は日々の身体的経験から意味の祖形ともいえる身体図式（image schema）を創出させ，そこから意味の抽象化をさらにはかるというのがその基本的な捉え方です。本書では，この「図式」という概念を教育的工夫（pedagogical device）として最大限に活用しています。

＊＊＊

　本書では，具体的な指導法（学習法）を念頭に置きながら，英語をスッキリ理解するための考え方を示すように心がけたつもりです。その際の核となるのが「コア図式」と「チャンキング」という概念です。私たちが本書で提案しているやり方を改めて整理すると以下のようになります。

Approach：認知的アプローチ
　　言語の意味的動機づけを強調し説明可能性を追求する
Method：ARNA（*A*wareness-*R*aising-*N*etworking-*A*utomatization）
　　「気づき・関連化・自動化」を促す教授法
Technique：指導法

コア理論の援用
- レキシカル・コア・カードの利用（基本動詞）
- マトリックス学習（前置詞の選択）
- 図式融合の利用（句動詞）
- 構文カードの利用（動詞構文）
- 図式投射の利用（動詞と前置詞）
- 図式焦点化の利用（動詞と前置詞）
- レキシカル・グラマー（文法）

チャンキング理論の援用
- チャンキング（会話・読解）

　最後に，本書は，あくまでも，英語を「よりよく教える（for better teaching）」ということについての論考です。それは同時に，英語を「よりよく学ぶ（for better learning）」にもつながっていくはずです。本書では，よりよい指導・学びのためのいくつかの手がかりを示しました。しかし，大事なことは，読者の方々が，独自の指導方法・学習方法というものを見出していく，という姿勢をもつことです。本書がその一助になれば，幸いです。

田中茂範
佐藤芳明
阿部　一

参考文献

阿部一. 1995.『英単語の意味とイメージ』東京：研究社.
阿部一. 1998.『ダイナミック英文法』東京：研究社.
Asher, J. 1977. *Learning another language through actions*. Los Gatos, Calif. : Sky Oaks Production.
Bolinger, D. 1977. *Meaning and form*. London : Longman.
Cattel, R. 1984. *Syntax and semantics*. Vol. 17, *Composite predicates in English*. New York : Academic Press.
Chafe, W. 1985. Linguistic differences produced by differences between speaking and writing. In *Literacy, langauge and learning*, ed. D. Olson, N. Torrance and A. Hildyard. Cambridge : Cambridge University Press.
Clark, H. 1996. *Using language*. New York : Cambridge University Press.
Fillmore, C. 1977. Topics in lexical semantics. In *Current issues in linguistic theory*, ed. R. Cole. Bloomington : Indiana University Press.
Ford, C. 1993. *Grammar in interaction : Adverbial clauses in American English conversations*. Cambridge : Cambridge University Press.
Ford, C., and S. Thompson. 1986. Conditionals in discourse : A text-based study from English. In *On conditionals*, ed. E. Traugott et al. Cambridge : Cambridge University Press.
Johnson, M. 1987. *The body in the mind*. Chicago : Chicago University Press.
Kimball, J. 1973. Seven principles of surface structure parsing in natural langauge. *Cognition* 2(1) : 15–47.
国広哲弥. 1997.『理想の国語辞典』東京：大修館書店.
Laird, J., A. Newell, and P. Rosenblood. 1987. SOAR : An architecture for general intelligence. *Artificial Intelligence* 33(1) : 1–64.
Lakoff, G. 1987. *Women, fire, and dangerous things*. Chicago : Chicago University Press.
Lakoff, G., and M. Johnson. 1980. *Metaphors we live by*. Chicago : Chicago University Press.
Langacker, R. 1990. *Concept, image, and symbol : The cognitive basis of grammar*. New York : Mouton de Gruyter.
真船陽二郎. 2005.『英語の感情表現における前置詞の選択の意味的動機づけの研

究』修士論文,慶応義塾大学 政策・メディア研究科.
松田文子. 2003.『日本語複合動詞の習得研究:認知意味論による意味分析を通して』東京:ひつじ書房.
Miller, G. 1956. The magical number seven, plus or minus two : Some limits on our capacity for processing information. *Psychological Review* 63(1): 81-97.
Miller, G., and P. Johnson-Laird. 1976. *Language and perception*. Cambridge, Mass. : Harvard University Press.
Oehrle, R. 1976. *The grammatical status of the English dative alternation*. Doctoral dissertation, MIT.
Ong, W. 1982. *Orality and literacy : The technologizing of the world*. London : Methuen.
Oostmann, J. 1981. *You know : A discourse-functional approach*. Amsterdam : John Benjamins.
Rosch, E. 1973. On the internal structure of perceptual and semantic categories. In *Cognitive development and acquisition of language*, ed. T. Moore. New York : Academic Press.
Sacks, H. 1992. *Lectures on conversation*. Vol. 1, ed. G. Jefferson. Cambridge, Mass. : Blackwell.
Schiffrin, D. 1987. *Discourse markers*. Cambridge : Cambridge University Press.
Sperber, D., and D. Wilson. 1995. *Relevance : Cognition and communication*. 2nd edition. Oxford : Blackwell.
Sweetser, E. 1990. *From etymology to pragmatics : Metaphorical and cultural aspects of semantic structure*. Cambridge : Cambridge University Press.
田中茂範. 1990.『データに見る現代英語表現・構文の使い方』東京:アルク.
田中茂範. 1990.『認知意味論:英語動詞の多義の構造』東京:三友社出版.
田中茂範・松本曜. 1997.『日英語比較選書 空間と移動の表現』東京:研究社.
田中茂範・武田修一・川出才紀(編)2003.『E ゲイト英和辞典』東京:ベネッセコーポレーション.
田中茂範・アレン玉井光江・根岸雅史・吉田研作(編著)2005.『幼児から大人までの一貫した英語教育のための枠組み:English Curriculum Framework (ECF)』東京:リーベル出版.
Tannen, D. 1989. *Talking voices : Repetition, dialogue and imagery in conversational discourse*. Cambridge : Cambridge University Press.
Taylor, J. 1989. *Linguistic categorization : Prototypes in linguistic theory*. Oxford : Oxford University Press.
Hopper, P. J., and E. C. Traugott. 1993. *Grammaticalization*. Cambridge : Cambridge University Press.

van Dijk, T. 1977. *Text and context*. London : Longman.
van Dijk, T., and W. Kintsch. 1983. *Strategies of discourse comprehension*. New York : Academic Press.

索　引

アクションの相　221
言い換え（paraphrasing）　221
息継ぎ（pause）　191
5つの名詞形（noun forms）　118
一般名詞　120
意味チャンク　190
意味的動機づけ　77
意味編成　190
隠喩的拡張（metaphorical extension）　42
円錐形の頂点　8
書き手状況の忖度(そんたく)（empathic projection）　221
拡張子の機能　60
過少使用（underextension）　5
過剰使用（overextension）　5
過剰訂正（overcorrection）　256
学校英文法　256
仮定法を教えるためのエクササイズ　174
関係代名詞を指導するためのエクササイズ　165
観察可能性　96
冠詞の使い方を教えるためのエクササイズ　170
感情表現と前置詞　57, 66
気づき（awareness-rasing）　67
軌道修正の原理　248
基本語　3
教育英文法（pedagogical English grammar）　77, 228

教育的工夫（pedagogical device）　248
協働（joint action）　187
協働作業（joint action）　250
空間化（spatialization）　42
空間詞（前置詞・副詞）　41
句動詞（phrasal verbs）　60, 66
句動詞エクササイズ　73
句動詞の意味タイプ　62
クローズテスト　213
経験空間　86, 87
ゲシュタルト（gestalt）　28
言語的明示性の原則　40
現在完了形を教えるためのエクササイズ　169
コア（core meaning）　6
コア図式　41
コアの適用範囲　11
コア理論（core theory）　9, 10, 11
語彙力　3
後景／地（ground）　28, 29
後景化（backgrounding）　29
行動スクリプト　250
コーパス　57
コトバからの事態構成　189
コトバへの事態構成　189
コミュニカティブ（communicative）　254
固有名詞　120
固有名と the　127
差異化　24
指示代名詞（demonstrative pronoun）

154
指示的共有　125
事態構成　216
集合名詞　121
受動構文を教えるためのエクササイズ　172
状況依存性の原則　40
常識的共有　125
情報共有理論　119, 124
情報追加の原理　248
助動詞を教えるためのエクササイズ　167
所有空間　86
心理的実在性（psychological reality）　13
心理的妥当性（psychological validity）　13
心理的尤もらしさ（psychological plausibility）　13
スクリプト分析　218
図式　3
図式焦点化　24, 26, 32, 41, 67
図式焦点化指導法　29
図式焦点化を利用した指導法　67
図式投射　24, 32, 36, 41, 46
図式投射学習法　68
図式の回転　44
図式融合（schema blending）　41, 47, 70
スナップショット的　96, 101
ゼロ表示の名詞　122
前景／図（figure）　28, 29
前景化（foregrounding）　29
先行詞を含まない関係代名詞　117
戦略（communication strategy）　245
対象認知理論　119, 124
単一化（individuate）　119, 120
断片　187
断片連鎖　190, 227

談話標識（discourse markers）　193
力（force）メタファー　132
チャンキング（chunking）　187, 227
チャンキング・チャート　193, 206
チャンキングによる指導法　213
チャンキング分析　188
チャンキング・メソッドを使った指導　229
チャンク（chunk）　187
チャンクの境界　191
抽象名詞　121
直示詞（deictic pronoun）　154
動詞構文カード　33
投射（projection）　42
動的均衡　189
読解におけるタスク　221
トップダウン　218
内容把握（content costruction）　221
内容予測（expectancy）　221
日常会話資料（CHATDATA）　196
認知的スタンス　77
認知操作　41
認知的負荷（cognitive burden）　213, 228
反応（reacting）　221
ビデオムービー的　96
表現断片　187
表現チャンク　187, 190
物質名詞　121
分詞構文を指導するためのエクササイズ　177
文―文法　183
文脈　6
文脈的共有　125
文脈の捨象　9
文脈の調整（context modulation）　8
報告（reporting）　221
法助動詞　132

ボトムアップ　218
マトリックス　70
見なしの原理　43
命題構造　6
メタファー　250
読むという行為　221
4種類の文法情報　234
理解の相　221
レキシカル・グラマー (LG) 指導法　159
レキシカル・コア・カード (LC-card)　34, 35
レキシカル・コア・カード指導法　21
論理的妥当性 (logical validity)　13

aのコア機能　120
a(n)表示の名詞　122
aboutのコア　59
atのコア　48
automatization　67
awareness（気づき）　226
be 関連項目　92
breakのコア　8, 14
casual／intimate style　227
context-free　7
context-sensitive　7
context-sensitive sense（文脈依存の語義）　9
de-contextual（脱文脈的）　9
fixのコア　36
getのコア　19
giveの構文的可能性　159
goのコア　26
golden imperative（黄金の命令文）　239

haveのコア　162
haveのコア図式　86
haveを中心にしたエクササイズ　161
have 関連項目　86
HAVE 空間　20, 86, 88, 90, 162
holdのコア　64
inのコア図式　43
-ing 関連項目　95
itのコア機能　155
language exposure　257
language use　257
makeのコア　79
meetのコア　12
networking　67
ofのコア　59
onのコア　50
ought (to) のコア　139
overのコア図式　44
rememberのコア　28
runのコア　37
rythm-making device　249
seeのコア　11
should と ought to の違い　138
shouldのコア　137, 139
takeのコア　17
thatのコア機能　154
thisのコア機能　154
Total Physical Response　239
to-関連項目　103
trans–contextual（文脈横断的）　9
urgent need　258
vernacular　227
willのコア　135

[著者紹介]

田中茂範（たなかしげのり）
1953年生まれ。現在、慶應義塾大学環境情報学部教授。
主な著書に『認知意味論：基本動詞の多義の構造』（三友社出版）、『コトバの意味づけ論：日常言語の生の営み』（共著、紀伊国屋書店）がある。

佐藤芳明（さとうよしあき）
1965年生まれ。現在、慶應義塾大学 SFC 研究所上席訪問研究員。
主な著書に『チャンク英文法』（コスモピア；共著）、『E ゲイト英和辞典』（ベネッセコーポレーション；執筆陣）がある。

阿部 一（あべはじめ）
1949年生まれ。現在、阿部一英語総合研究所（英総研）所長。
主な著書に『ダイナミック英文法』（研究社）、『英単語の意味とイメージ』（研究社）がある。

英語感覚が身につく実践的指導
——コアとチャンクの活用法

© Tanaka Shigenori, Sato Yoshiaki, Abe Hajime, 2006　　NDC375／x, 268p／21cm

初版第1刷	2006年6月1日
第4刷	2008年9月1日

著　者	田中茂範・佐藤芳明・阿部　一
発行者	鈴木一行
発行所	株式会社大修館書店

〒 101-8466　東京都千代田区神田錦町 3-24
電話　03-3295-6231 販売部／03-3294-2357 編集部
振替　00190-7-40504
［出版情報］http://www.taishukan.co.jp

装丁者	熊澤正人・八木孝枝（パワーハウス）
印刷所	文唱堂印刷
製本所	ブロケード

ISBN978-4-469-24517-2 Printed in Japan

Ⓡ本書の全部または一部を無断で複写複製（コピー）することは、著作権法上での例外を除き禁じられています。

英語教育21世紀叢書

21世紀は英語教育の変革期。多様化する生徒に対応した効果的で魅力ある授業作りを提案します。
●各四六判　定価=本体+税5%

中学校英語授業 指導と評価の実際
――確かな学力をはぐくむ
杉本義美 著　●152頁 定価1,260円
授業の場面や活動について具体的な指導を例示し、一方で、評価活動の具体例を提示した、実践的ハンドブック。

日本の英語教育200年
伊村元道 著
●320頁 定価2,520円
日本人はいかにして英語を学んできたか？――「英文法」「教科書」「辞書」「学習指導要綱」などジャンル別に英語教育を概観・展望する。

英語教師のためのExcel活用法
清川英男・濱岡美郎・鈴木純子 著
●232頁 定価1,890円
基本操作から裏ワザまで――テスト結果をどのように利用していますか？　学習効果測定他、効果的な指導のためのヒント満載！

英語力はどのように伸びてゆくか
中学生の英語習得過程を追う
太田洋・金谷憲・小菅敦子・日䑓滋之 著　●240頁 定価1,995円
「中学二年生の秋」に分岐点がやってくる――生徒の語彙や文法の習得過程、伸びる生徒とつまずく生徒の分岐点などを解明。

英語テスト作成の達人マニュアル
靜哲人 著
●304頁 定価2,520円
テスト作成の悩みに答えます――テスト作成の達人が、作成手順を分かりやすく解説。問題点をつき新しいテストスタイルを提言。

英語教師のための新しい評価法
松沢伸二 著　佐野正之・米山朝二 監修
●304頁 定価2,520円
生徒の学習を支援する評価を目指して――「実践的コミュニケーション能力」の評価について問題点を整理し、具体的対処を提言。

英語授業改善のための処方箋
マクロに考えミクロに対処する
金谷憲 著　●192頁 定価1,890円
少しの工夫で大きな効果を！――生徒が英語に接する時間が少ないという問題を解決し、学力を向上させるアイディアを一冊に。

実践的コミュニケーションの指導
高橋正夫 著
●248頁 定価2,100円
授業にすぐ活かせる活動例を多数紹介――実践的コミュニケーション能力を養成する活動を、中・高の言語材料をもとに豊富に紹介。

英語語彙の指導マニュアル
望月正道・相澤一美・投野由紀夫 著
●256頁 定価2,100円
効果的な語彙指導のために――語彙のメカニズムに基づき、具体例を挙げて分かりやすく、効率よい語彙指導を紹介。

日本語を活かした英語授業のすすめ
吉田研作・柳瀬和明 著
●208頁 定価1,785円
限られた時間の中で授業の質を変えるには――限られた時間の中で効果的に英語を学ぶ、日本語を活かした指導法を紹介。

【アイディア集】
「苦手」を「好き」に変える英語授業
瀧口優 著　●192頁 定価1,785円
そのとき生徒はもっと英語が好きになる――英語嫌いの生徒から「英語ができるようになりたい」気持ちを引き出すアイディア集。

英文読解のプロセスと指導
津田塾大学言語文化研究所 読解研究グループ 編
●368頁 定価2,730円
リーディングは創造的な活動――能動的な英文読解のプロセスを明らかにし、指導・評価への示唆を分かりやすく解説。

インターネットを活かした英語教育
杉本卓・朝尾幸次郎 著
●224頁 定価1,890円
新しい英語授業のカタチ――インターネットが英語授業の本質を変える。英語教育と教育学の立場からその活用法を考える。

英語を使った「総合的な学習の時間」
小学校の授業実践
服部孝彦・吉澤寿一 著　●208頁 定価1,890円
小学校での英語活動を成功に導くために――新学習指導要領のもと、英語を使った活動の記録を紹介しながら、具体的に解説。

コミュニケーションのための英文法
荻野俊哉 著　クレイグ・ジャクソン 英文校閲
●232頁 定価1,890円
文法とコミュニケーションの調和と融合――活動例と指導手順を提示。コミュニケーション能力を育てつつ文法力をつける。

アクション・リサーチのすすめ
新しい英語授業研究
佐野正之 編著　●240頁 定価1,890円
個別対応型授業を可能にする――個々の生徒に対応できる授業研究法(=アクション・リサーチ)を中・高の実践例をもとに紹介。

大修館書店　　書店にない場合やお急ぎの方は、直接ご注文ください。☎03-3934-5131

定価=本体+税5％（2008年9月現在）